Schmelz
Hermeier

Prüfungstraining für Bankkaufleute

Wirtschafts- und Sozialkunde

Merkur
Verlag Rinteln

Wirtschaftswissenschaftliche Bücherei für Schule und Praxis
Begründet von Handelsschul-Direktor Dipl.-Hdl. Friedrich Hutkap †

Verfasser:

Dipl.-Hdl. Mathias Schmelz
Oberstudienrat

Carsten Hermeier
Oberstudienrat

* * * * *

2. Auflage 2026

Gesamtherstellung:
Merkur Verlag Rinteln Hutkap GmbH & Co. KG, 31735 Rinteln

E-Mail: info@merkur-verlag.de
lehrer-service@merkur-verlag.de
Internet: www.merkur-verlag.de

Merkur-Nr. 1853-02
ISBN 978-3-8120-1204-1

VORWORT

Liebe Bankauszubildende, liebe Ausbilder, liebe Lehrkräfte,

mit dem vorliegenden Prüfungstrainingsbuch verfolgen wir zwei Zielsetzungen:

1. den **unterrichtsbegleitenden Einsatz** zur intensiven Nachbereitung der Lerninhalte mithilfe von prüfungsnahen Aufgaben inklusive ausführlicher Lösungen,
2. die **optimale Vorbereitung auf das Prüfungsfach Wirtschafts- und Sozialkunde in der gestreckten Abschlussprüfung Teil 2** (GAP 2) für Bankkaufleute.

Dazu soll der folgende Aufbau des Buches dienen:

In **Teil A** geben wir Ihnen einen Überblick über den Aufbau, die Prüfungsgebiete und die Bewertung der gesamten Abschlussprüfung.

In **Teil B** geben wir Ihnen einen Überblick über mögliche Aufgabentypen in der Abschlussprüfung.

In **Teil C** stellen wir Ihnen prüfungsnahe programmierte Aufgaben des **Prüfungsfaches Wirtschafts- und Sozialkunde** als Teil der gestreckten Abschlussprüfung Teil 2 (GAP 2) zur Verfügung, die nach den Prüfungsgebieten der Abschlussprüfung gegliedert sind.

Teil D dieses Buches umfasst einen kompletten Musterprüfungssatz für das **Prüfungsfach Wirtschafts- und Sozialkunde** in der GAP 2, der nach den Vorgaben der Abschlussprüfung aufgebaut ist und auch optisch den Prüfungsbedingungen nahekommt.

Teil E beinhaltet umfassende Lösungen zu den Aufgaben und dem Musterprüfungssatz, um Ihnen einen optimalen Nachvollzug der Lösungen zu geben und Ihnen eine Selbsteinschätzung Ihrer Ergebnisse zu ermöglichen.

Wir wünschen Ihnen bei der Vorbereitung für das **Prüfungsfach Wirtschafts- und Sozialkunde** und der gesamten Abschlussprüfung viel Erfolg und freuen uns über Anregungen und Wünsche von Ihrer Seite.

Köln, 2026

Mathias Schmelz und Carsten Hermeier

INHALT

Überblick über die Abschlussprüfung

1 Prüfungsbereiche der IHK-Abschlussprüfung

Die Abschlussprüfung für Bankkaufleute gliedert sich in zwei Teile. Die Abschlussprüfung wird in Form der gestreckten Abschlussprüfung durchgeführt.

Die Gewichtungen der Prüfungsteile können Sie der nachfolgenden Tabelle entnehmen:

Prüfungsbereiche	Gewichtung in %
Teil 1 der Abschlussprüfung GAP 1	
Konten führen und Anschaffungen finanzieren	20
Teil 2 der Abschlussprüfung GAP 2	
Vermögen aufbauen und Risiken absichern	20
Finanzierungsvorhaben begleiten	20
Wirtschafts- und Sozialkunde	10
Kunden beraten	30
Gesamtprüfung	**100**

2 Prüfungsverfahren und Prüfungsinhalte für den Teil 2 der gestreckten Abschlussprüfung (GAP 2)

Teil 2 der gestreckten Abschlussprüfung (GAP 2)

1 Vermögen aufbauen und Risiken absichern (Lernfelder 8 und 12)

- 90 Minuten Prüfungszeit, 100 Punkte
- 4 Fälle mit gebundenen (30 %) und ungebundenen (70 %) Aufgaben, davon:
  - 3 Fälle **Vermögen bilden mit Wertpapieren**
  - 1 Fall **Zu Vorsorge und Absicherung informieren**
- mit Formelsammlung

2 Finanzierungsvorhaben begleiten (Lernfelder 9 und 13)

- 90 Minuten Prüfungszeit, 100 Punkte
- 2 Fälle à 50 Punkte mit gebundenen (30 %) und ungebundenen (70 %) Aufgaben, davon:
  - 1 Fall **Baufinanzierungen vorbereiten und bearbeiten**
  - 1 Fall **An gewerblichen Finanzierungen mitwirken**
- mit Formelsammlung

3 Wirtschafts- und Sozialkunde (Lernfelder 1, 6 und 10)

- 60 Minuten Prüfungszeit, 100 Punkte
- ca. 26 bis 30 gebundene Aufgaben, davon:
  - ca. 30 % Aufgabenanteil zu „Der Ausbildungsbetrieb und arbeits- und sozialrechtliche Rahmenbedingungen"
  - ca. 25 % Aufgabenanteil zu „Berufsbildung sowie Arbeits- und Tarifrecht"
  - ca. 45 % Aufgabenanteil zu „Wirtschaftsordnung und Wirtschaftspolitik"
- mit Formelsammlung

Die **Instrumente der kaufmännischen Steuerung und Kontrolle** (LF 7 und 11) können – abgesehen von dem Prüfungsbereich „Wirtschafts- und Sozialkunde" – Inhalt von Prüfungsaufgaben sein.

1 Ungebundene Aufgabentypen mit freier Lösungsformulierung

Die Fälle der Abschlussprüfung umfassen überwiegend ungebundene Aufgaben, die sich auf eine vorangestellte Eingangssituation beziehen. Die Aufgaben sind situationsbezogen zu beantworten und die Informationen im Aufgabentext sind unbedingt zu beachten.

Beispiel 1 (offene Beantwortung):

Situation

Einstiegssituation

Denise Meyer, 17 Jahre, beantragt bei der Merkurbank eG die Eröffnung eines Girokontos. Sie hat vor Kurzem einen Ausbildungsvertrag zur Kauffrau für Tourismus und Freizeit abgeschlossen. Den Ausbildungsvertrag hat sie zur Kontoeröffnung mitgebracht.

1.1 (10 Punkte)

Teil 1 der Situation mit Gesamtpunktzahl

Sie führen das Beratungsgespräch mit Frau Meyer und weisen Frau Meyer darauf hin, dass auch ihre Eltern den Kontoeröffnungsantrag unterschreiben müssen.

1.1.1 (2 Punkte)

1. Aufgabe mit Teilpunktzahl

Begründen Sie, warum Denise Meyer trotz des vorliegenden Ausbildungsvertrages nicht allein zur Eröffnung des Kontos berechtigt ist!

Mögliche Lösung:

- Als Minderjährige kann Denise Meyer noch keine Verträge rechtswirksam schließen, die ihr auch rechtliche Nachteile (z. B. Anerkennung der AGB der Merkurbank eG) bringen. (1 Punkt)
- Ausbildungsverhältnis gilt nicht als Arbeits- oder Dienstverhältnis i. S. v. § 113 I BGB. (1 Punkt)

Beispiel 2 (Aufzählungsantwort):

...

1.4.1 (3 Punkte)

Nennen Sie Frau Meyer drei verschiedene Nutzungsmöglichkeiten des Girokontos!

Mögliche Lösung:

1.	Ein- und Auszahlungen tätigen
2.	Überweisungsaufträge und Daueraufträge erteilen
3.	Lastschriften abbuchen lassen
4.	Kartenzahlungen auf Guthabenbasis durchführen

Grundsätzlich werden nur die ersten drei Antworten bewertet. Nennen Sie fünf Nutzungsmöglichkeiten, von denen die ersten zwei falsch und die letzten drei richtig sind, so erhalten Sie nur 1 Punkt, da nur die ersten drei Antworten beurteilt werden.

Beispiel 3 (offene Beantwortung und Rechenaufgabe):

Wichtig: genau lesen

Situation

Sie sind bei der Merkurbank eG als Kundenberater/-in beschäftigt. Heute nimmt Botan Bevic, 18 Jahre, ledig, konfessionslos, einen Beratungstermin bei Ihnen wahr. Herr Bevic hat vor Kurzem eine Ausbildung zum Schreiner begonnen. Er besitzt ein Girokonto bei der Merkurbank eG sowie ein Sparkonto mit dreimonatiger Kündigungsfrist und einem Guthaben von 5.028,00 EUR.

...

2.3 (7 Punkte)

Im weiteren Verlauf des Gespräches weisen Sie Herrn Bevic auch auf weitere staatliche Förderungsmöglichkeiten nach dem Wohnungsbauprämiengesetz hin.

...

2.3.2 (3 Punkte)

Informieren Sie den Kunden über die maximale Höhe der staatlichen Förderung in EUR in seiner momentanen Lebenssituation!

Mögliche Lösung:

Information:

Der Förderhöchstbetrag pro Jahr beträgt für Herrn Bevic, ledig, 700,00 EUR. (1 Punkt)

Die Wohnungsbauprämie beträgt 10 % auf die eingezahlten Beträge pro Jahr. (1 Punkt)

Rechenaufgabe:

Zahlt Herr Bevic den Förderhöchstbetrag von 700,00 EUR pro Jahr auf seinen Bausparvertrag ein, erhält er 70,00 EUR Wohnungsbauprämie. (1 Punkt)

Rechenweg:

700,00 EUR Förderhöchstbetrag · 10 % Wohnungsbauprämie = 70,00 EUR

2 Merkur-Nr. 1853

2 Gebundene Aufgaben mit vorgegebenen Lösungen

Die Lösungen sind in der Abschlussprüfung in die davor vorgesehenen Felder/Kästchen im **separaten Lösungsbogen** einzutragen!

2.1 Mehrfachwahlaufgabe (Multiple-Choice-Aufgabe)

Nur **eine** der vorgegebenen Auswahlantworten ist auszuwählen.

Auf wichtige Signalwörter achten!

Beispiel:

Ihr Kunde Bertram Alsmer möchte heute auf sein Sparkonto 3.800,00 EUR einzahlen und erkundigt sich bei Ihnen über die Verfügungsmöglichkeiten und die Vorschusszinsberechnung für den Fall, dass er den gesamten Betrag in den nächsten Monaten wieder benötigt.

Mit welcher der folgenden Aussagen beraten Sie den Kunden richtig? Tragen Sie die Lösung in das Lösungskästchen ein!

1. Nach der Rechnungslegungsverordnung darf über Spareinlagen erst nach Ablauf einer Kündigungsfrist von drei Monaten verfügt werden.
2. Verfügungen über das Sparguthaben sind laut AGB nur mit Vorlage des Sparbuches möglich; Ausnahmen sind unzulässig.
3. Eine Verfügung über den Maximalbetrag von 3.000,00 EUR ist nach ordnungsgemäßer Kündigung durch Herrn Alsmer nur innerhalb von zwei Wochen nach Kündigung vorschusszinsfrei möglich.
4. Eine Verfügung über den Gesamtbetrag ist nach ordnungsgemäßer Kündigung durch Herrn Alsmer nur innerhalb von zwei Wochen nach Kündigung vorschusszinsfrei möglich.
5. Bei Verfügungen, die den monatlichen Freibetrag überschreiten, können auch bei Umbuchung auf ein Festgeldkonto Vorschusszinsen anfallen.

Lösung und Hinweise zur Lösungsbegründung:

- falsche Aussagen und die fachlichen Erklärungen hierzu in **Rot**
- richtige Lösung in **Grün**

Wichtige Signalwörter

Ihr Kunde Bertram Alsmer möchte heute auf sein Sparkonto **3.800,00 EUR** einzahlen und erkundigt sich bei Ihnen über die Verfügungsmöglichkeiten und die Vorschusszinsberechnung für den Fall, dass er **den gesamten Betrag** in den nächsten Monaten wieder benötigt.

Mit welcher der folgenden Aussagen beraten Sie den Kunden richtig? Tragen Sie die Lösung in das Lösungskästchen ein!

1. Nach der Rechnungslegungsverordnung darf über Spareinlagen **erst nach** Ablauf einer Kündigungsfrist von drei Monaten verfügt werden.
   Freibeträge! Vorzeitige Verfügung generell möglich!
2. Verfügungen über das Sparguthaben sind laut AGB nur mit Vorlage des Sparbuches möglich; Ausnahmen sind **un**zulässig.
   Ausnahmen sind zulässig!
3. Eine Verfügung über den **Maximalbetrag von 3.000,00 EUR** ist nach ordnungsgemäßer Kündigung durch Herrn Alsmer nur innerhalb von zwei Wochen nach Kündigung vorschusszinsfrei möglich.
   Maximalbetrag 2.000,00 EUR!
4. Eine Verfügung über den Gesamtbetrag ist nach ordnungsgemäßer Kündigung durch Herrn Alsmer nur innerhalb von **zwei** Wochen nach Kündigung vorschusszinsfrei möglich.
   Innerhalb von 4 Wochen!
5. Bei Verfügungen, die den monatlichen Freibetrag überschreiten, können auch bei Umbuchung auf ein Festgeldkonto Vorschusszinsen anfallen.
   Begründung: Eine Berechnung von Vorschusszinsen ist bei vorzeitigen Verfügungen möglich, obgleich in der Praxis auch darauf verzichtet werden kann.

2.2 Mehrfachantwortaufgabe

Es können **mehrere** der vorgegebenen Auswahlantworten zutreffen.

Auf wichtige Signalwörter achten!

Beispiel:

Murat Yildirim ist seit Geschäftsaufnahme Handlungsbevollmächtigter ohne Sondervollmacht bei der Lohmar KG.

Zu welchen **2** der folgenden Bankgeschäfte im Namen der Lohmar KG ist Murat Yildirim allein berechtigt? Tragen Sie die Lösungen in die Lösungskästchen ein!

1. Belastung eines Firmengrundstücks
2. Aufnahme eines Darlehens
3. Anerkennung des letzten Rechnungsabschlusses beim KK-Konto der KG
4. Inanspruchnahme eines eingeräumten Überziehungskredites
5. Eingehen einer Wechselverbindlichkeit
6. Verkauf eines Firmengrundstücks

Lösung und Hinweise zur Lösungsbegründung:

- falsche Aussagen und die fachlichen Erklärungen hierzu in **Rot**
- richtige Lösungen in **Grün**

Wichtige Signalwörter

Murat Yildirim ist seit Geschäftsaufnahme Handlungsbevollmächtigter **ohne Sondervollmacht** bei der Lohmar KG.

Zu welchen **2** der folgenden Bankgeschäfte im Namen der Lohmar KG ist Murat Yildirim **allein** berechtigt? Tragen Sie die Lösungen in die Lösungskästchen ein!

1. Belastung eines Firmengrundstücks
2. Aufnahme eines Darlehens
3. Anerkennung des letzten Rechnungsabschlusses beim KK-Konto der KG
4. Inanspruchnahme eines eingeräumten Überziehungskredites
5. Eingehen einer Wechselverbindlichkeit
6. Verkauf eines Firmengrundstücks

Zu 4.: mögliches Bankgeschäft, da es sich nicht um eine neue Kreditaufnahme handelt

Zu 1., 2., 5. und 6.: nur mit Sondervollmacht möglich!

2.3 Reihenfolgeaufgaben

Sie müssen die ungeordneten Aussagen in die richtige Reihenfolge bringen. Beachten Sie bitte die konkrete Arbeitsanweisung (im folgenden Beispiel **fett** gedruckt).

Beispiel:

Der Kleingärtnerverein Köln-Rondorf e. V., langjähriger Kunde der Merkurbank eG, hat bisher seine monatlichen Mitgliedsbeiträge bar oder gegen Überweisung erhalten. Zur Vermeidung von ständigen Zahlungsrückständen der Mitglieder hat der Vorstand beschlossen, zukünftig zum 15. eines Monats die Beiträge per SEPA-Lastschrift einziehen zu lassen. Jupp Pingel, Vorstandsvorsitzender des Kleingärtnervereins, lässt sich über den Ablauf dieser Zahlungsart von seinem Bankberater Justus Neu beraten.

Bringen Sie die folgenden Arbeitsschritte in die richtige Reihenfolge, indem Sie die Ziffern 1 bis 8 in die Kästchen neben den Arbeitsschritten eintragen! Übertragen Sie anschließend Ihre senkrecht angeordneten Lösungsziffern in dieser Reihenfolge von links nach rechts in den Lösungsbogen!

Am Fälligkeitstag erfolgt ebenfalls die Verrechnung zwischen der Merkurbank eG und Zahlstellen.	☐
Der Kleingärtnerverein leitet die Zahlungs- und Mandatsdaten an die Merkurbank eG vor Fälligkeit weiter.	☐
Die Merkurbank eG leitet die aus den Zahlungs- und Mandatsdaten generierten Lastschriftdatensätze an die Zahlstellen weiter.	☐
Der Kleingärtnerverein informiert die Mitglieder vorab über den bevorstehenden Lastschrifteinzug.	☐
Die Mitglieder erteilen dem Kleingärtnerverein schriftlich ein SEPA-Lastschriftmandat.	☐
Der Kleingärtnerverein übersendet den Mitgliedern ein SEPA-Lastschriftmandatsformular.	☐
Am Fälligkeitstag der Lastschriftzahlung wird das Konto der Mitglieder mit dem Beitrag belastet und gleichzeitig dem Konto des Kleingärtnervereins gutgeschrieben.	☐
Der Kleingärtnerverein vereinbart mit der Merkurbank eG, dass die fälligen Beiträge zum 15. eines Monats per SEPA-Lastschrift eingezogen werden.	☐

Lösung:

1. Schritt: Ziffern in das Kästchen hinter den Arbeitsschritten eintragen

Am Fälligkeitstag erfolgt ebenfalls die Verrechnung zwischen der Merkurbank eG und Zahlstellen.	8
Der Kleingärtnerverein leitet die Zahlungs- und Mandatsdaten an die Merkurbank eG vor Fälligkeit weiter.	5
Die Merkurbank eG leitet die aus den Zahlungs- und Mandatsdaten generierten Lastschriftdatensätze an die Zahlstellen weiter.	6
Der Kleingärtnerverein informiert die Mitglieder vorab über den bevorstehenden Lastschrifteinzug.	4
Die Mitglieder erteilen dem Kleingärtnerverein schriftlich ein SEPA-Lastschriftmandat.	3
Der Kleingärtnerverein übersendet den Mitgliedern ein SEPA-Lastschriftmandatsformular.	2
Am Fälligkeitstag der Lastschriftzahlung wird das Konto der Mitglieder mit dem Beitrag belastet und gleichzeitig dem Konto des Kleingärtnervereins gutgeschrieben.	7
Der Kleingärtnerverein vereinbart mit der Merkurbank eG, dass die fälligen Beiträge zum 15. eines Monats per SEPA-Lastschrift eingezogen werden.	1

2. Schritt: Ziffern in der richtigen Reihenfolge in den Lösungsbogen übertragen

8	5	6	4	3	2	7	1

Zum besseren Nachvollzug in der richtigen Reihenfolge:

Schritt 1	Der Kleingärtnerverein vereinbart mit der Merkurbank eG, dass die fälligen Beiträge zum 15. eines Monats per SEPA-Lastschrift eingezogen werden.
Schritt 2	Der Kleingärtnerverein übersendet den Mitgliedern ein SEPA-Lastschriftmandatsformular.
Schritt 3	Die Mitglieder erteilen dem Kleingärtnerverein schriftlich ein SEPA-Lastschriftmandat.
Schritt 4	Der Kleingärtnerverein informiert die Mitglieder vorab über den bevorstehenden Lastschrifteinzug.
Schritt 5	Der Kleingärtnerverein leitet die Zahlungs- und Mandatsdaten an die Merkurbank eG vor Fälligkeit weiter.
Schritt 6	Die Merkurbank eG leitet die aus den Zahlungs- und Mandatsdaten generierten Lastschriftdatensätze an die Zahlstellen weiter.
Schritt 7	Am Fälligkeitstag der Lastschriftzahlung wird das Konto der Mitglieder mit dem Beitrag belastet und gleichzeitig dem Konto des Kleingärtnervereins gutgeschrieben.
Schritt 8	Am Fälligkeitstag erfolgt ebenfalls die Verrechnung zwischen der Merkurbank eG und Zahlstellen.

2.4 Zuordnungsaufgaben

Sie müssen den angeführten Definitionen/Situationen/Sachverhalten/Aussagen (im folgenden Beispiel a bis f) die jeweils zutreffende Auswahlmöglichkeit (im folgenden Beispiel die Anlageformen) zuordnen. Eine Mehrfachzuordnung der gleichen Auswahlmöglichkeit ist möglich, aber nicht zwingend.

Beispiel:

Im Beratungsgespräch äußert Susanne Wiesenhoff viele Anlagewünsche und hat Fragen zu verschiedenen Einlagenprodukten.

Welche der folgenden Anlageformen sind den nachstehenden Merkmalen von Einlagenprodukten zuzuordnen? Tragen Sie die Ziffer vor der jeweils zutreffenden Anlageform in die Lösungskästchen ein.

Anlageformen

1. Spareinlagen
2. Sparbriefe
3. Festgelder und Sparbriefe
4. Alle Anlageformen treffen zu
5. Keine der Anlageformen trifft zu

Definitionen

a) Der Zinssatz ist für die gesamte Laufzeit fest. ☐

b) Regelungen zur Mindestkündigungsfrist finden sich für diese Anlage in der Rechnungslegungsverordnung für Kreditinstitute. ☐

c) Die Anlage unterliegt einem Kursrisiko. ☐

d) Im Fall der Insolvenz der Bank sichert der Einlagensicherungsfonds die Ansprüche des Anlegers. ☐

e) Die Anlage darf grundsätzlich nur von natürlichen Personen hereingenommen werden. ☐

f) Die Anlage ist in einer Namensschuldverschreibung verbrieft. ☐

Lösung und Hinweise zur Lösungsbegründung:

- wichtige Signalwörter und Hinweise in **Blau**

Anlageformen

1. Spareinlagen
2. Sparbriefe
3. Festgelder und Sparbriefe
4. Alle Anlageformen treffen zu
5. Keine der Anlageformen trifft zu

Definitionen

a) Der **Zinssatz** ist für die **gesamte Laufzeit fest**. [3]

Gilt nur für Spareinlagen

b) Regelungen zur Mindestkündigungsfrist finden sich für diese Anlage in der **Rechnungslegungsverordnung** für Kreditinstitute. [1]

c) Die Anlage unterliegt einem **Kursrisiko**. [5]

Einlagen werden nicht an der Börse gehandelt

d) Im Fall der Insolvenz der Bank sichert der **Einlagen**sicherungsfonds die Ansprüche des Anlegers. [4]

e) Die Anlage darf **grundsätzlich** nur von natürlichen Personen hereingenommen werden. [1]

f) Die Anlage ist in einer **Namensschuldverschreibung** verbrieft. [2]

Ausnahmen:
Unternehmen, die gemeinnützigen, kirchlichen oder mildtätigen Zwecken dienen; Mietkautionen auf den Namen des Vermieters, wenn dieser ein Unternehmen ist

Gilt nur für Sparbriefe

Eintragung in den Lösungsbogen:

3	1	5	4	1	2

Einige Aufgaben beziehen sich auf die Merkurbank eG beziehungsweise auf die Digital Office GmbH, gewerbliche Kundin der Merkurbank eG.

Zur Digital Office GmbH liegen Ihnen folgende Informationen vor:

Firma • **Geschäftssitz** • **Registergericht**	Digital Office GmbH, Brüggener Str. 1, 50969 Köln Amtsgericht Köln HRB 1985
Geschäftszweck	Herstellung und Handel mit digitalem Bürobedarf
Bankverbindung	Merkurbank eG IBAN: DE85 2756 9606 0010 6740 18 BIC: GEME33RIN

1 Rechtliche Rahmenbedingungen

Aufgabe 1

Das Rechtsystem der Bundesrepublik Deutschland speist sich aus unterschiedlichen Rechtsquellen.

Ordnen Sie den Sachverhalten die jeweils zutreffenden Rechtsquellen richtig zu.

Rechtsquellen

1. Verfassung
2. Gesetz
3. Rechtsverordnung
4. Satzung

Sachverhalte

a) Die Bundesregierung erhöht den Beitragssatz zur gesetzlichen Pflegeversicherung. ⇨ ☐

b) Die Gemeinde Tostedt erhöht die Grundbesitzabgaben. ⇨ ☐

c) Der Bundestag beschließt die Anhebung des Sparerfreibetrages auf 1.000,00 EUR. ⇨ ☐

d) In der Bundesrepublik Deutschland sind alle Menschen vor dem Gesetz gleich. ⇨ ☐

Aufgabe 2

Rechtsgebiete können privatrechtlicher oder öffentlich-rechtlicher Natur sein.

Stellen Sie fest, welche der folgenden Aussagen dem öffentlichen Recht zuzuordnen ist.

1. Das Verteidigungsministerium erwirbt neue Ausrüstungsgegenstände.
2. Eine Schülerin erwirbt eine Monatskarte für den öffentlichen Nahverkehr.
3. Eine Kundin der Merkurbank eG beantragt eine Baugenehmigung für ihr neues Haus.
4. Die Merkurbank eG kündigt dem Leiter für die Öffentlichkeitsarbeit.
5. Eine Studentin leiht in der Universitätsbibliothek ein Lehrbuch zum öffentlichen Recht.

Tragen Sie die Ziffer vor der zutreffenden Aussage in das Kästchen ein. ⇨ ☐

Aufgabe 3

Sie sind Kundenberater/-in bei der Merkurbank eG. Die minderjährige Melissa Beritic möchte bei der Merkurbank eG ein Girokonto eröffnen, da sie im August eine Ausbildung als Kauffrau für Büromanagement bei der Digital Office GmbH beginnt. Sie legt Ihnen den ordnungsgemäß unterzeichneten Ausbildungsvertrag vor.

Stellen Sie fest, welche Aussage zur beantragten Kontoeröffnung korrekt ist.

1. Die Rechtsfähigkeit von Melissa Beritic erlaubt es ihr, das Konto allein zu eröffnen.
2. Die Merkurbank eG führt Konten für Auszubildende kostenlos, sodass Melissa Beritic das Konto allein eröffnen kann.
3. Da der Ausbildungsvertrag von ihren gesetzlichen Vertretern unterschrieben wurde, darf sie das Konto allein eröffnen.
4. Melissa Beritic ist beschränkt geschäftsfähig und kann das Konto, da es ihr nur rechtliche Vorteile bringt, allein eröffnen.
5. Melissa Beritic darf vor Vollendung ihres 18. Lebensjahres das Konto nur mit Zustimmung ihrer gesetzlichen Vertreter eröffnen.

Tragen Sie die Ziffer vor der zutreffenden Aussage in das Kästchen ein. ⇨ ☐

Aufgabe 4

Die 17-jährige Hilal Amrum ist als Auszubildende bei der Digital Office GmbH beschäftigt.

Stellen Sie fest, bei welchem der folgenden Sachverhalte die Zustimmung ihrer Eltern als gesetzliche Vertreter und des Familiengerichts erforderlich ist.

1. Hilal erteilt ein SEPA-Basis-Lastschriftmandat zwecks Abbuchung des Preises für ihr Monatsticket für den öffentlichen Nahverkehr.
2. Hilal gibt bei der Merkurbank eG eine Überweisung für die Digital Office GmbH ab, die zu einer geduldeten Überziehung auf dem Geschäftskonto führt.
3. Hilal nimmt eine Schenkung ihres Großvaters in Höhe von 5.000,00 EUR an.
4. Hilal erwirbt ein E-Bike und möchte das sehr günstige Finanzierungsangebot des Fahrradhändlers nutzen.
5. Hilal beantragt eine Prepaid-Kreditkarte bei der Merkurbank eG.

Tragen Sie die Ziffer vor der zutreffenden Aussage in das Kästchen ein. ⇨ ☐

Aufgabe 5

Hilal Amrum (17 Jahre alt) kauft in einem Fachgeschäft eine Spielekonsole zum Preis von 700,00 EUR. Stellen Sie fest, welche der folgenden Aussage über die Rechtswirksamkeit des Kaufvertrags zutreffend ist.

1. Dieser Kaufvertrag ist rechtswirksam, da Frau Amrum zum Zeitpunkt des Kaufs rechtsfähig ist.
2. Dieser Kaufvertrag ist rechtswirksam, wenn Frau Amrum den Kaufpreis mit ihren Ersparnissen bezahlt.
3. Dieser Kaufvertrag ist rechtswirksam, da zwei übereinstimmende Willenserklärungen vorliegen.
4. Dieser Kaufvertrag ist nichtig, da Frau Amrum geschäftsunfähig ist und daher keine rechtswirksamen Willenserklärungen abgeben kann.
5. Dieser Kaufvertrag ist nichtig, wenn der gesetzliche Vertreter von Frau Amrum seine Zustimmung verweigert.

Tragen Sie die Ziffer vor der zutreffenden Aussage in das Kästchen ein. ⇨ ☐

Aufgabe 6

Shin, fünf Jahre alt, möchte für seine Mutter Blumen im Wert von 3,00 EUR zu ihrem Geburtstag kaufen. Obgleich ihn die Blumenhändlerin persönlich kennt und er auch ausreichend Geld dabeihat, verweigert sie Shin den Erwerb der Blumen.

Stellen Sie fest, ob die Blumenhändlerin nach den Bestimmungen des BGB korrekt handelt.

1. Nein, Shin darf als beschränkt geschäftsfähige Person die Blumen erwerben.
2. Ja, da Shin noch nicht rechtsfähig ist.
3. Nein, da Shin erkennbar nicht als Bote handelt.
4. Ja, da Shin noch nicht geschäftsfähig ist.
5. Nein, da Shin der Blumenhändlerin persönlich bekannt ist.

Tragen Sie die Ziffer vor der zutreffenden Aussage in das Kästchen ein. ⇨ ☐

Aufgabe 7

Verträge kommen durch übereinstimmende Willenserklärungen als Antrag und Annahme zustande.

Stellen Sie jeweils fest, ob es sich bei den unten stehenden Situationen um ...

1. einen rechtswirksamen Antrag,
2. eine rechtswirksame Annahme, oder
3. keine rechtwirksame Willenserklärung handelt.

Situationen

a) Die Digital Office GmbH sendet der Merkurbank eG aufgrund einer E-Mail-Anfrage ein schriftliches verbindliches Angebot über Büromaterial zu. ⇨ ☐

b) Die Merkurbank eG bestellt am 15. 12. 20.. 50 Tablets aufgrund eines verbindlichen Angebots der Digital Office GmbH vom 10. 12. 20.. ⇨ ☐

c) Die Merkurbank eG informiert sich im Onlineshop der Digital Office GmbH über die Preise von Tablets. ⇨ ☐

d) Die Digital Office GmbH wirbt über Social-Media-Kanäle für einen ökologischen Bürostuhl zu einem Sonderpreis von 99,00 EUR. ⇨ ☐

e) Die Merkurbank eG bestellt am 28. 12. 20.. weitere 30 Tablets, obgleich das Angebot der Digital Office GmbH bis zum 24. 12. 20.. befristet war. ⇨ ☐

3 Merkur-Nr. 1853

2 Abschluss von Rechtsgeschäften

Aufgabe 8

Die Merkurbank eG verwahrt im Tresor ein wertvolles Gemälde für einen vermögenden Privatkunden.

Stellen Sie fest, welche Aussage den Besitz und das Eigentum am Gemälde zutreffend beschreibt.

1. Um das Gemälde verkaufen zu können, muss der Kunde Eigentümer und unmittelbarer Besitzer des Gemäldes sein.
2. Der Kunde ist mittelbarer Besitzer und Eigentümer des Gemäldes.
3. Die Merkurbank eG erlangte durch die Übergabe des Gemäldes für die Verwahrdauer das Eigentum an dem Gemälde.
4. Durch den Verwahrvertrag wird die Merkurbank eG rechtlicher Eigentümer, der Kunde bleibt wirtschaftlicher Eigentümer.
5. Die Merkurbank eG hat durch die Übergabe des Gemäldes den mittelbaren Besitz und somit die tatsächliche Herrschaft über das Gemälde erhalten.

Tragen Sie die Ziffer vor der zutreffenden Aussage in das Kästchen ein. ⇨ ☐

Aufgabe 9

Sie sind Kundenberater/-in der Merkurbank eG. Eine vermögende Privatkundin erwirbt aufgrund Ihrer Empfehlung Goldbarren als inflationssichere Anlage, die sie in ihrem Schließfach bei der Merkurbank eG verwahren möchte.

Stellen Sie fest, welche Aussage den Besitz und das Eigentum an diesen Goldbarren zutreffend beschreibt.

1. Um die rechtliche Verfügungsgewalt über die Goldbarren zu erhalten, muss die Privatkundin Eigentümerin und unmittelbare Besitzerin der Goldbarren sein.
2. Die Privatkundin kann nur unmittelbare Besitzerin der Goldbarren werden, wenn sie vorher das Eigentum erworben hat.
3. Mit dem Besitz hat die Privatkundin die tatsächliche Verfügungsgewalt und mit dem Eigentum die rechtliche Verfügungsgewalt über die Goldbarren.
4. Wenn die Privatkundin die Goldbarren in ihrem Schließfach bei der Merkurbank eG aufbewahrt, übergibt sie der Bank die unmittelbare Verfügungsgewalt über die Goldbarren.
5. Durch den Kaufvertrag wird die Privatkundin unmittelbare Besitzerin der Goldbarren und durch die Übergabe wird sie Eigentümerin.

Tragen Sie die Ziffer vor der zutreffenden Aussage in das Kästchen ein. ⇨ ☐

Aufgabe 10

Die Merkurbank eG erwirbt online bei der Digital Office GmbH Beratertische. Der Rechnungsbetrag wird per Sofortüberweisung umgehend auf dem Konto der Digital Office GmbH bei der Merkurbank eG gutgeschrieben.

Die Lieferung der Bürotische erfolgt innerhalb der nächsten 10 Tage.

Stellen Sie fest, welche der folgenden Aussagen die Besitz- und Eigentumsverhältnisse zum Zeitpunkt der Gutschrift auf dem Konto der Digital Office GmbH bei der Merkurbank eG zutreffend beschreibt.

1. Die Merkurbank eG ist Eigentümer, aber nicht Besitzer der Beratertische.
2. Die Merkurbank eG ist Besitzer, aber nicht Eigentümer der Beratertische.

3. Die Digital Office GmbH ist Besitzer, aber nicht Eigentümer der Beratertische.
4. Die Merkurbank eG ist Eigentümer und Besitzer der Beratertische.
5. Die Digital Office GmbH ist Eigentümer und Besitzer der Beratertische.

Tragen Sie die Ziffer vor der zutreffenden Aussage in das Kästchen ein.	⇨ ☐

Aufgabe 11

Für die Merkurbank eG werden Willenserklärungen mit unterschiedlichen Rechtsfolgen abgegeben.

Stellen Sie fest, in welcher Situation die Merkurbank eG das Eigentum an der Sache unmittelbar erwirbt.

1. Abschluss eines notariell beurkundeten Kaufvertrages über ein Grundstück.
2. Inempfangnahme eines neuen Geldautomaten, der unter Eigentumsvorbehalt geliefert wurde. Die Bezahlung erfolgt kurz nach Inbetriebnahme.
3. Kaufvertrag über einen neuen Dienstwagen. Die Lieferzeit beträgt 12 Monate.
4. Abschluss eines Sicherungsübereignungsvertrages über einen Pkw mit einem Kunden. Der Pkw dient zur Sicherung eines Kredites des Kunden.
5. Ein Kunde verpfändet der Merkurbank eG zur Absicherung eines Kredites ein wertvolles Gemälde, das sofort im Tresor hinterlegt wird.

Tragen Sie die Ziffer vor der zutreffenden Aussage in das Kästchen ein.	⇨ ☐

Aufgabe 12

Die Merkurbank eG schließt vielfältige Rechtsgeschäfte ab.

Ordnen Sie den unten stehenden Rechtsgeschäften die nachfolgenden Rechtsgeschäftsarten korrekt zu.

Rechtsgeschäftsarten

1. Einseitiges, empfangsbedürftiges Rechtsgeschäft
2. Einseitiges, nicht empfangsbedürftiges Rechtsgeschäft
3. Zweiseitiges, aber nur einseitig verpflichtendes Rechtsgeschäft
4. Zweiseitig verpflichtendes Rechtsgeschäft

Rechtsgeschäfte

a) Ein Mitarbeiter der Merkurbank eG kündigt sein Arbeitsverhältnis schriftlich und fristgerecht.	⇨ ☐
b) Die Merkurbank eG kauft fünf neue Geldausgabeautomaten auf Rechnung.	⇨ ☐
c) Die Merkurbank eG mietet Geschäftsräume für eine neue Filiale an.	⇨ ☐
d) Ein Kunde der Merkurbank eG verfasst ein handschriftliches Testament.	⇨ ☐
e) Die Merkurbank eG übernimmt im Rahmen eines Mietavals eine Bürgschaft.	⇨ ☐
f) Die Merkurbank eG führt für einen Kunden eine Online-Überweisung aus.	⇨ ☐

3 Kaufvertrag

Aufgabe 13

Die Merkurbank eG bestellt bei der Digital Office GmbH neue Computerbildschirme. Beim ordnungsgemäßen Auspacken wird offensichtlich, dass einige Bildschirmoberflächen defekt sind.

Stellen Sie fest, welche Aussage die Gewährleistungsansprüche der Merkurbank eG gegenüber der Digital Office GmbH zutreffend beschreibt.

1. Die Merkurbank eG kann ohne besondere Fristsetzung vom Kaufvertrag zurücktreten, wenn die Digital Office GmbH die Nacherfüllung ernsthaft und endgültig verweigert.
2. Die Merkurbank eG kann ohne Nachfristsetzung eine Minderung des Kaufpreises verlangen.
3. Die Merkurbank eG kann ohne Nachfristsetzung Schadenersatz verlangen.
4. Die Merkurbank eG hat nur dann einen Anspruch auf Nacherfüllung, wenn die Digital Office GmbH ihre Garantieansprüche gegenüber dem Hersteller der Computerbildschirme geltend machen kann.
5. Die Merkurbank eG kann nur dann vom Kaufvertrag zurücktreten, wenn drei Nachbesserungsversuche der Digital Office GmbH fehlgeschlagen sind.

Tragen Sie die Ziffer vor der zutreffenden Aussage in das Kästchen ein. ☐

Aufgabe 14

Die Merkurbank eG schließt vielfältige Rechtsgeschäfte mit ihren Kunden ab.

In welchen der unten stehenden Fälle ist das beschriebene Rechtsgeschäft

1. anfechtbar?
2. nichtig?
3. weder anfechtbar noch nichtig?

Tragen Sie die Ziffer vor der jeweils zutreffenden Antwort in die Kästchen ein.

Fälle

a) In Erwartung steigender Preise hat eine Kundin der Merkurbank eG einen Auftrag zum Kauf von Wertpapieren erteilt. Wenige Tage nach der Kaufabrechnung sinkt der Kurs. ☐

b) Ein Kunde hat mit dem Verkäufer einen Grundstückskaufvertrag schriftlich ohne Einbezug eines Notars abgeschlossen. ☐

c) Die Kreditabteilung der Merkurbank eG hat infolge eines Schreibfehlers eine zu große Menge an Kopierpapier bestellt. ☐

d) Eine Kundin übernimmt mündlich die Bürgschaft für den Kredit ihres Sohnes. ☐

e) Ein Kunde bestellt bei Ihnen zwei Goldbarren. Sie führen den Auftrag aus und belasten sein Konto mit dem Gegenwert. Am nächsten Tag lehnt er die Annahme der Goldbarren ab und verlangt Gutschrift auf seinem Konto, weil er eine andere Anlageform wünscht. ☐

Aufgabe 15

Birgit Ratai ist Einzelprokuristin der Merkurbank eG. Sie bestellt ohne Zustimmung des Vorstandes am 09. 10. 20.. Kopierpapier im Wert von 8.000,00 EUR bei der Papierfabrik Zanders AG. Die Auftragsbestätigung der Papierfabrik Zanders AG erfolgte am 12. 10. 20..

Stellen Sie fest, welche der folgenden Aussagen in diesem Zusammenhang richtig ist.

Das Rechtsgeschäft mit der Papierfabrik Zanders AG ...

1. ... kommt nur rechtswirksam zustande, wenn der Vorstand das Rechtsgeschäft im Nachhinein genehmigt.
2. ... kommt nur rechtswirksam zustande, wenn die Merkurbank eG die Ware auch annimmt.
3. ... kann von der Merkurbank eG erfolgreich angefochten werden, weil die erforderliche Genehmigung des Vorstandes fehlt.
4. ... ist am 12. 10. 20.. rechtswirksam zustande gekommen.
5. ... ist von Anfang an nichtig, weil die Einwilligung des Vorstandes fehlt.

Tragen Sie die Ziffer vor der zutreffenden Aussage in das Kästchen ein. ⇨ ☐

Situation zu den Aufgaben 16 und 17

Die Merkurbank eG hat bei der Digital Office GmbH einen ergonomischen Bürostuhl zu einem Preis von 299,00 EUR erworben.

Der Kauf wurde in folgenden Schritten abgewickelt:

- Am 12.09.20.. wurde der Kaufvertrag abgeschlossen.
- Am 21.09.20.. wurde der Bürostuhl geliefert.
- Am 27.09.20.. erhielt die Merkurbank eG die Rechnung über 299,00 EUR.
- Am 28.09.20.. überwies die Merkurbank eG den Rechnungsbetrag.
- Am 29.09.20.. erfolgte die Gutschrift auf dem Konto der Digital Office GmbH.

Aufgabe 16

Ein Eigentumsvorbehalt wurde nicht vereinbart.

Wann wurde die Merkurbank eG Eigentümerin des Bürostuhls?

Tragen Sie das Datum (TT.MM.) in die Kästchen ein. ⇨ ☐☐ . ☐☐ . 20..

Aufgabe 17

Nehmen Sie an, es wäre im Kaufvertrag ein Eigentumsvorbehalt vereinbart worden.

Wann wäre die Merkurbank eG in diesem Fall Eigentümerin des Bürostuhls geworden?

Tragen Sie das Datum (TT.MM.) in die Kästchen ein. ⇨ ☐☐ . ☐☐ . 20..

Aufgabe 18

Ole Petersen bestellt bei einem Onlineshop Möbel für seine neue Eigentumswohnung. Der Vertragsabschluss kommt über das Internet zustande. Der Händler bezieht sich in seinen Vertragsbedingungen auf die gesetzlichen Vorschriften zu Fernabsatzverträgen.

Stellen Sie fest, welche Rechte und Pflichten die beiden Vertragspartner bei diesem Geschäft haben.

1. Herr Petersen muss das beim Onlineshop hinterlegte Muster-Widerrufsformular verwenden, wenn er die gesetzlich notwendigen formellen Anforderungen an den Widerruf erfüllen möchte.

2. Innerhalb einer Frist von 6 Wochen kann Herr Petersen den Vertrag noch widerrufen, falls er über sein Widerrufsrecht belehrt wurde.
3. Widerruft Herr Petersen den Vertrag, so muss der Onlineshop Herrn Petersen unverzüglich, spätestens aber vor Ablauf von 14 Tagen ab Zugang des Widerrufs den Kaufpreis unter Verwendung desselben Zahlungsmittels erstatten, das Herr Petersen genutzt hat.
4. Spätestens bei der Übergabe der Ware muss der Onlineshop Herrn Petersen über die wesentlichen Merkmale, den Preis, inklusive der anfallenden Steuern und die Versand- und Lieferkosten informieren.
5. Der Onlineshop muss Herrn Petersen als sogenannten Verbraucher nur über die Adresse seines Unternehmens informieren.

Tragen Sie die Ziffer vor der zutreffenden Aussage in das Kästchen ein. ⇨ ☐

Aufgabe 19

Sie möchten sich für Ihren Homeoffice-Arbeitsplatz einen Multifunktionsscanner kaufen. In einer Tageszeitung, die Ihr Kollege gerade gekauft hat, entdecken Sie ein besonders günstiges Angebot der Digital Office GmbH zu einem Preis von 99,00 EUR.

Stellen Sie fest, welche Aussage die Rechtswirksamkeit dieses Angebots zutreffend beschreibt.

1. Die Anzeige bindet die Digital Office GmbH mindestens vier Wochen ab Veröffentlichungsdatum.
2. Die Anzeige ist im rechtlichen Sinn kein bindendes Angebot.
3. Die Anzeige gilt rechtlich nur für die Personen, die die Zeitschrift gekauft haben.
4. Die Anzeige gilt rechtlich als Antrag zum Abschluss eines Kaufvertrags.
5. Die Anzeige bindet die anbietende Firma, auf Bestellung den abgebildeten Multifunktionsscanner zum Preis von 99,00 EUR zu liefern.

Tragen Sie die Ziffer vor der zutreffenden Aussage in das Kästchen ein. ⇨ ☐

Aufgabe 20

Die Merkurbank eG erwarb für ihre Mitarbeiter gebrauchte E-Bikes von einem örtlichen Fahrradhändler. Der Fahrradhändler sicherte bei Abschluss des Kaufvertrages zu, dass die E-Bikes unfallfrei seien. Bei einer ersten Inspektion durch eine Fahrradwerkstatt stellt sich heraus, dass zwei E-Bikes Unfallschäden aufweisen, die beim Kauf nicht erkennbar waren.

Stellen Sie fest, welche rechtliche Möglichkeit der Merkurbank eG gemäß den Bestimmungen des BGB zusteht.

1. Die Merkurbank eG kann den Kaufvertrag nicht anfechten, da eine Reklamation nur unmittelbar nach Übergabe der E-Bikes möglich ist.
2. Die Merkurbank eG kann den Kaufvertrag anfechten. Sie hat das Recht auf Umtausch oder Kaufpreisminderung.
3. Die Merkurbank eG kann den Kaufvertrag wegen Irrtums anfechten.
4. Die Merkurbank eG kann den Kaufvertrag anfechten. Durch die Anfechtung wird dieser als von Anfang an nichtig angesehen.
5. Der Kaufvertrag ist von Anfang an nichtig, da der Verkäufer den Mangel arglistig verschwiegen hat.

Tragen Sie die Ziffer vor der zutreffenden Aussage in das Kästchen ein. ⇨ ☐

Aufgabe 21

Stellen Sie fest, in welchem der folgenden Fälle es sich um einen Verbrauchsgüterkauf nach den Bestimmungen des BGB handelt.

1. Die Merkurbank eG bestellt bei der Digital Office GmbH 30 neue Bürostühle.
2. Die Merkurbank eG least für ihre Außendienstmitarbeitenden E-Bikes.
3. Sie verkaufen Ihr altes Handy an eine Kollegin.
4. Sie erwerben bei der Digital Office GmbH einen neuen Bürostuhl für Ihren Homeoffice-Arbeitsplatz.
5. Die Merkurbank eG verkauft die Geschäftsräume einer ehemaligen Filiale an einen Kunden zu dessen privater Nutzung.

Tragen Sie die Ziffer vor der zutreffenden Aussage in das Kästchen ein. ⇨ ☐

Situation zu den Aufgaben 22 und 23

Der Auszug aus dem Bestellkatalog der Digital Office GmbH enthält die folgenden Angaben zu den gesetzlichen Informationspflichten:

- Vertragspartner ist die Digital Office GmbH, Brüggener Str. 1, 50969 Köln; Geschäftsführer: Markus Kirchhofer, Johannes Tielke. Amtsgericht Köln HRB 1985.
- Eventuelle Beanstandungen richten Sie bitte an das Digital Office Service-Center.

  E-Mail: service@Digital.de
  Telefon: 01805 1234 (0,12 EUR/Min.)
  Fax: 01805 1235 (0,12 EUR/Min.)
  Post: Digital Office GmbH, Postfach 991001, 50969 Köln
- Der Vertrag kommt mit Zusendung der von Ihnen bestellten Ware zustande. Auf Wunsch stellen wir Ihnen den Vertragstext zur Verfügung. Ihre Bestelldaten werden in unserem Hause gespeichert.
- Sie können Ihre Bestellung innerhalb von 14 Tagen nach Erhalt der Lieferung ohne Begründung an die Digital Office GmbH, 50969 Köln, zurücksenden. Zur Fristwahrung genügt die rechtzeitige Absendung der Ware. Bei Schäden durch unsachgemäße Bedienung der Ware oder mangelhafte Verpackung der Rücksendung behalten wir uns vor, Ersatzansprüche geltend zu machen. Dies gilt nicht, wenn die Verschlechterung der Ware ausschließlich auf deren Prüfung zurückzuführen ist.
- Der Rechnungsbetrag ist innerhalb von 8 Tagen nach Erhalt der Lieferung zu begleichen.
- Bis zur vollständigen Bezahlung bleibt die Ware Eigentum der Digital Office GmbH.
- Alle Preise beinhalten die gesetzliche Umsatzsteuer.
- Die Versandkostenpauschale beträgt 3,95 EUR.

Aufgabe 22

Greta Thürberg hat telefonisch am 15.10.20.. aus dem ihr zugesandten Katalog der Digital Office GmbH eine VR-Brille für 199,00 EUR bestellt. Die Lieferung erfolgte am 18.10.20..

Stellen Sie fest, welche der nachfolgenden Aussagen den Erwerb zutreffend beschreiben.

1. Der Katalog stellt ein verbindliches Angebot dar, an das die Digital Office GmbH gebunden ist.
2. Die Bestellung von Greta Thürberg stellt einen Antrag auf Abschluss eines Kaufvertrags dar.
3. Die Digital Office GmbH liefert erst nach einer ausdrücklichen und schriftlichen Annahmeerklärung.

4. Wird die Ware nicht sofort bezahlt, hat die Digital Office GmbH Schadenersatzansprüche an Greta Thürberg.
5. Der Eigentumsvorbehalt gilt nur unter der Voraussetzung, dass die Rechnung bar bezahlt wird.

Tragen Sie die Ziffer vor der zutreffenden Aussage in das Kästchen ein. ⇨ ☐

Aufgabe 23

Nach drei Wochen stellt Greta Thürberg fest, dass die zugesandte VR-Brille mangelhaft ist. Sie reklamiert umgehend bei der zuständigen Stelle.

Stellen Sie fest, welche der nachfolgenden Aussagen den Erwerb zutreffend beschreibt.

1. Die gesetzlichen Gewährleistungsansprüche sind vertraglich auf 14 Tage beschränkt. Daher hat Greta Thürberg keine Ansprüche mehr gegenüber der Digital Office GmbH.
2. Da die gesetzlichen Gewährleistungsansprüche nicht ausdrücklich in den Bedingungen angesprochen werden, sind sie vollständig ausgeschlossen.
3. Da es sich hier um ein Fernabsatzgeschäft handelt, hat Greta Thürberg weitergehende gesetzliche Gewährleistungsansprüche als bei einem Ladenkauf.
4. Greta Thürberg muss in diesem Fall beweisen, dass sie den Mangel nicht verursacht hat.
5. Greta Thürberg kann von der Digital Office GmbH wahlweise Nachbesserung oder Ersatzlieferung verlangen.

Tragen Sie die Ziffer vor der zutreffenden Aussage in das Kästchen ein. ⇨ ☐

Aufgabe 24

Die 12-jährige Schülerin Malenche Melrose hat von ihrer Großmutter 100,00 EUR erhalten, die diese ihr zur freien Verfügung überlässt. Die Großmutter weiß, dass die Eltern von Malenche dies nicht möchten. Malenche kauft sich von diesem Geld ohne Begleitung für 89,00 EUR eine neue Hose.

Stellen Sie fest, welche Aussage die Wirksamkeit dieses Kaufvertrages zutreffend beschreibt.

Der Kaufvertrag ist ...

1. ... schwebend unwirksam bis zur nachträglichen Genehmigung des gesetzlichen Vertreters.
2. ... nichtig aufgrund der fehlenden Genehmigung des gesetzlichen Vertreters.
3. ... gültig gemäß „Taschengeldparagraf" des BGB.
4. ... gültig, da ihr das Geld von ihrer Großmutter zur freien Verfügung überlassen wurde.
5. ... nach Ablauf von zwei Wochen ab Kaufvertragsabschluss gültig, sofern der gesetzliche Vertreter während dieser Zeit nicht seine Verweigerung erklärt hat.

Tragen Sie die Ziffer vor der zutreffenden Aussage in das Kästchen ein. ⇨ ☐

Aufgabe 25

Die Merkurbank eG mietet für die Eröffnung einer neuen Filiale Geschäftsräume an.

Stellen Sie fest, welche Aussage zu diesem Mietvertrag korrekt ist.

1. Durch einen Mietvertrag wird der Mieter verpflichtet, die zum Verbrauch überlassene Sache in gleicher Art, Menge und Güte zurückzuerstatten.
2. Durch den Mietvertrag ist der Vermieter verpflichtet, dem Mieter den Gebrauch der Sache zu überlassen.

3. Hat die zur Miete überlassene Sache zur Zeit der Überlassung einen Mangel, so ist der Mieter verpflichtet, diesen zu beseitigen.
4. Durch den Mietvertrag wird das Eigentum an der vermieteten Sache entgeltlich übertragen.
5. Dem Mieter stehen die Erträge zu, die bei ordnungsgemäßer Bewirtschaftung der gemieteten Sache entstehen.

Tragen Sie die Ziffer vor der zutreffenden Aussage in das Kästchen ein. ⇨ ☐

Aufgabe 26

Der Grundsatz der Vertragsfreiheit im deutschen Privatrecht ist wesentlicher Bestandteil der Rechts- und Wirtschaftsordnung der Bundesrepublik Deutschland.

Stellen Sie fest, welche der folgenden Bereiche der Vertragsfreiheit den nachstehenden Sachverhalten zuzuordnen sind. Tragen Sie die Ziffer vor dem jeweils zutreffenden Bereich der Vertragsfreiheit in die Kästchen ein.

Bereiche der Vertragsfreiheit

1. Abschlussfreiheit (einschließlich Partnerwahlfreiheit)
2. Inhaltsfreiheit
3. Formfreiheit
4. Keiner der Bereiche wird von dem Sachverhalt berührt.

Sachverhalte

a) Achim Zein verzichtet auf sämtliche Ansprüche, falls am gebrauchten Pkw, den er von seinem Nachbarn günstig gekauft hat, ein Mangel auftritt.	⇨ ☐
b) Magdalene Schneider reicht den Einspruch gegen ihren Einkommensteuerbescheid für das Jahr 20.. beim zuständigen Finanzamt wie vorgeschrieben schriftlich ein.	⇨ ☐
c) Merle Koppe beantragt zur Finanzierung eines neuen Autos einen Kredit. Die Merkurbank eG verweigert den Wunsch mit Hinweis auf die zahlreich vorliegenden negativen SCHUFA-Einträge für Frau Koppe.	⇨ ☐
d) Die Möhlen OHG übernimmt für ihren Kunden Petros Pilis eine Bürgschaft. Der Bürgschaftsvertrag ist für die Möhlen OHG ein Handelsgeschäft.	⇨ ☐

Aufgabe 27

Die Merkurbank eG hat bei der Digital Office GmbH 20 Bürostühle zur Lieferung in der 44. Kalenderwoche bestellt.

Nachdem die Digital Office GmbH nicht rechtzeitig geliefert hat, hat die Merkurbank eG erfolglos gemahnt.

Die Merkurbank eG mahnt erneut und setzt eine angemessene Frist. Gleichzeitig droht sie, die Annahme der Lieferung nach Ablauf der Frist zu verweigern.

Nach erfolglosem Ablauf der Frist besorgt sich die Merkurbank eG die Bürostühle bei einem anderen Lieferanten zu einem höheren Preis. Die Merkurbank eG verlangt jetzt von der Digital Office GmbH die Bezahlung der Differenz.

Stellen Sie fest, welche Aussage die Ansprüche der Merkurbank eG zutreffend beschreibt.

1. Erfüllung des Vertrages und Ersatz des Verzögerungsschadens
2. Minderung des Kaufpreises
3. Erfüllung des Vertrages und Ersatz vergeblicher Aufwendungen

4. Schadenersatz statt der Leistung

5. Nachbesserung

Tragen Sie die Ziffer vor der zutreffenden Aussage in das Kästchen ein. ⇨ ☐

Aufgabe 28

Sie bestellen am 16. 12. 2026 in einem Fachgeschäft einen neuen Kaffeevollautomaten für 1.699,00 EUR, der am 20. 12. 2026 geliefert wird.

Die Zahlung muss laut Rechnung bis zum 03. 01. 2027 erfolgen.

Versehentlich begleichen Sie den Rechnungsbetrag nicht. Sie erhalten daraufhin am 30. 01. 2027 eine Mahnung.

Am 30. 01. 2027, dem Tag der Mahnung, stellen Sie einen Defekt an der Kaffeemaschine fest. Sie möchten nun die Kaffeemaschine zurückgeben und sich eine andere Kaffeemaschine kaufen.

Stellen Sie fest, welche der Aussagen den vorliegenden Sachverhalt zutreffend beschreibt.

1. Da die gesetzlichen Nacherfüllungsansprüche aufgrund der fehlenden Zahlung nicht greifen, können Sie die Maschine nicht zurückgeben.

2. Der Verkäufer muss die Maschine zurücknehmen, die Beweislast für die Funktionsfähigkeit liegt bei Ihnen.

3. Sie haben die Wahl, ob Sie Ersatzlieferung oder Nachbesserung verlangen.

4. Der Verkäufer entscheidet, ob er die Maschine nachbessert oder eine neue Kaffeemaschine liefert.

5. Sie können die Maschine zurückgeben. Der Kaufvertrag ist aufgrund der fehlenden Zahlung nicht zustande gekommen.

Tragen Sie die Ziffer vor der zutreffenden Aussage in das Kästchen ein. ⇨ ☐

Situation zu den Aufgaben 29 und 30

Sie kauften am 12. 08. 2026 in einem Sportfachgeschäft ein neues Fahrrad-Trikot.

Der Verkäufer sicherte Ihnen für diese Ware beste Qualität zu. Bereits nach der ersten längeren Radtour bemerken Sie, dass am Trikot mehrere Nähte aufgegangen sind.

Sie reklamieren am 29. 10. 2026 diesen Mangel beim Verkäufer. Er erklärt Ihnen, dass das Trikot beim Verkauf mangelfrei gewesen sei und die Schäden auf unsachgemäße Verwendung zurückzuführen seien. Wenn Sie die mangelhafte Verarbeitung des Trikots glaubhaft machen könnten, wäre lediglich die Erteilung einer Gutschrift in Höhe des Kaufpreises möglich.

Aufgabe 29

Stellen Sie fest, welche der folgenden Aussagen zur Beweislast zutreffend ist.

Sie müssen den Beweis ...

1. ... nicht erbringen, denn der Verkäufer trägt während der gesamten Gewährleistungsfrist die Beweislast für den einwandfreien Zustand der Ware bei Übergabe.

2. ... erbringen, denn nach Gebrauch der Ware, z. B. durch Tragen oder Waschen, liegt die Beweislast bei Ihnen.

3. ... erbringen, denn die Beweislast für den Mangel liegt nach Ablauf von sechs Wochen ab Übergabe der Ware bei Ihnen.

4. ... nicht erbringen, denn innerhalb von zwölf Monaten nach Übergabe der Ware trägt der Verkäufer für auftretende Mängel die Beweislast.
5. ... erbringen, denn der Verkäufer hat sich vor Übergabe der Ware vom einwandfreien Zustand überzeugt und dies deutlich zum Ausdruck gebracht.

Tragen Sie die Ziffer vor der zutreffenden Aussage in das Kästchen ein. ⇨ ☐

Aufgabe 30

Sie haben den Sachmangel nicht herbeigeführt. Stellen Sie fest, welche der folgenden Aussagen die Rechte bei Sachmängeln zutreffend beschreibt.

Innerhalb der Gewährleistungsfrist haben Sie nach dem BGB das vorrangige Recht auf ...

1. ... Nacherfüllung aus dem bestehenden Kaufvertrag. Hierbei besteht die Wahl zwischen Neulieferung und Nachbesserung.
2. ... Nacherfüllung aus dem bestehenden Kaufvertrag. Dieses Recht erlischt durch ein Gutschriftsangebot des Verkäufers.
3. ... Rücktritt vom Vertrag. Eine Gutschrift müssen Sie nicht akzeptieren, Sie können den kompletten Kaufpreis zurückverlangen.
4. ... Erhalt einer Gutschrift in Höhe des Gegenwerts der mangelhaften Ware.
5. ... Rücktritt vom Vertrag, wenn Sie weder die Beseitigung des festgestellten Mangels noch die Ersatzlieferung des Trikots als Nacherfüllung akzeptieren möchten.

Tragen Sie die Ziffer vor der zutreffenden Aussage in das Kästchen ein. ⇨ ☐

Aufgabe 31

Die Digital Office GmbH beabsichtigt, ab dem kommenden Monat neue Allgemeine Geschäftsbedingungen (AGB) einzuführen.

Stellen Sie fest, welche der folgenden Aussagen zu den Allgemeinen Geschäftsbedingungen korrekt sind.

1. Die Vorschriften zur inhaltlichen Ausgestaltung der Allgemeinen Geschäftsbedingungen sind im Bürgerlichen Gesetzbuch (BGB) geregelt.
2. Einzelne unwirksame Regelungen in den Allgemeinen Geschäftsbedingungen machen den Vertrag im Übrigen unwirksam.
3. Regelungen in den Allgemeinen Geschäftsbedingungen sind auch dann unwirksam, wenn sie den Kunden nur unwesentlich benachteiligen.
4. Die Allgemeinen Geschäftsbedingungen unterliegen nicht der Zustimmung der Verbraucherschutzverbände.
5. Der Kunde muss auf die Existenz von Allgemeinen Geschäftsbedingungen nicht hingewiesen werden.
6. Die Bestimmungen der Allgemeinen Geschäftsbedingungen lassen sich nicht durch einzelvertragliche Abreden ersetzen.

Tragen Sie die Ziffern vor den zutreffenden Aussagen in die Kästchen ein. ⇨ ☐ ☐

Aufgabe 32

Die Digital Office GmbH beabsichtigt aufgrund einer Vielzahl an geänderten gesetzlichen Bestimmungen, z.B. zum Datenschutz, ab dem 01.01.2027 neue Allgemeine Geschäftsbedingungen einzuführen. Welche zwei der folgenden Aussagen zu den Allgemeinen Geschäftsbedingungen sind zutreffend?

1. Die inhaltliche Ausgestaltung der Allgemeinen Geschäftsbedingungen (AGB) ist in den Vorschriften des BGB geregelt.
2. Vertraglich vereinbarte Regelungen werden unwirksam, wenn einzelne Bestimmungen in den Allgemeinen Geschäftsbedingungen der Digital Office GmbH unwirksam werden sollten.
3. Regelungen in den Allgemeinen Geschäftsbedingungen sind auch dann unwirksam, wenn sie die Kunden der Digital Office GmbH nur unwesentlich benachteiligen.
4. Die Einführung neuer Allgemeiner Geschäftsbedingungen muss von der zuständigen IHK genehmigt werden.
5. Die Kunden der Digital Office GmbH müssen vor Wirksamwerden der Allgemeinen Geschäftsbedingungen auf die Existenz der neuen AGB hingewiesen werden.
6. Da die Vertragsinhalte nicht mehr bei jedem einzelnen Vertrag neu ausgehandelt werden müssen, ist für die Verwenderin der AGB, die Digital Office GmbH, mit dem Einsatz der AGB ein erheblicher Rationalisierungseffekt verbunden.

Tragen Sie die Ziffern vor den zutreffenden Aussagen in die Kästchen ein. ⇨ ☐ ☐

Aufgabe 33

Die Digital Office GmbH will ein Geschäftsgrundstück kaufen und sich als Eigentümerin in das Grundbuch eintragen lassen.

Stellen Sie fest, welche Aussage diesen Sachverhalt zutreffend beschreibt.

1. Dies ist nicht möglich, weil sie eine juristische Person ist und in das Grundbuch nur natürliche Personen, die Träger von Rechten und Pflichten sind, eingetragen werden können.
2. Dies ist nicht möglich, weil eine GmbH nach außen durch ihre Geschäftsführung vertreten wird und nur diese in das Grundbuch eingetragen werden kann.
3. Dies ist nicht möglich, weil sie eine juristische Person des öffentlichen Rechts ist und in diesem Fall der Staat als Eigentümer eingetragen wird.
4. Dies ist möglich, da sie eine juristische Person des Privatrechts ist und somit auch Träger von Rechten und Pflichten ist.
5. Dies ist möglich, weil die Eintragung in das Grundbuch grundsätzlich möglich ist, unabhängig davon, ob Rechts- oder Geschäftsfähigkeit gegeben ist.

Tragen Sie die Ziffer vor der zutreffenden Aussage in das Kästchen ein. ⇨ ☐

Aufgabe 34

Die Digital Office GmbH hat am 02.07.20.. einen Multiscanner für 3.500,00 EUR gekauft. Die Lieferung erfolgte am 04.07.20.., bezahlt wurde an diesem Tag mittels Sofortüberweisung. Bestandteil des Kaufvertrags waren die Allgemeinen Geschäftsbedingungen, in denen ein Eigentumsvorbehalt enthalten war.

Stellen Sie fest, welche Aussage einen Eigentumsvorbehalt zutreffend beschreibt.

1. Der Eigentumsvorbehalt ist im gegenseitigen Interesse, denn er schützt Käufer und Verkäufer gleichermaßen.
2. Der Eigentumsvorbehalt sichert die Ansprüche des Verkäufers auf Herausgabe der Ware, wenn die Ware nicht vollständig bezahlt wird.

3. Ein Eigentumsvorbehalt lässt sich grundsätzlich nicht durch Allgemeine Geschäftsbedingungen vereinbaren.
4. Der unter Eigentumsvorbehalt gekaufte Multiscanner kann bis zur endgültigen Bezahlung nicht von der Digital Office GmbH bilanziert werden.
5. Ohne Vereinbarung des Eigentumsvorbehalts wäre das Eigentum am 02.07.20.. übergegangen.

Tragen Sie die Ziffer vor der zutreffenden Aussage in das Kästchen ein. ⇨ ☐

Aufgabe 35

Die Merkurbank eG schließt vielfältige Rechtsgeschäfte ab.

Stellen Sie fest, bei welchem der folgenden Rechtsvorgänge der Eigentumsübergang an die Merkurbank eG stattfindet.

1. Die Merkurbank eG schließt einen notariell beurkundeten Kaufvertrag über den Kauf eines Geschäftshauses ab, in dem eine neue Filiale eröffnet werden soll.
2. Die Merkurbank eG schließt mit der Digital Office GmbH einen Kaufvertrag ab, in dem eine Lieferung von zehn neuen Kontoauszugsdruckern in drei Monaten vereinbart wird.
3. Das Bensberger Autohaus übergibt dem verantwortlichen Mitarbeiter der Merkurbank eG drei neue Elektrofahrzeuge, die die Merkurbank eG für einen Zeitraum von drei Jahren geleast hat.
4. Ein Kunde der Merkurbank eG verpfändet zur Sicherung eines Kredites seine Wertpapiere an die Kreditbank.
5. Die Kreditbank wird als Eigentümerin eines Grundstücks im Grundbuch eingetragen.

Tragen Sie die Ziffer vor der zutreffenden Aussage in das Kästchen ein. ⇨ ☐

4 Sicherheit, Gesundheits- und Umweltschutz

Aufgabe 36

Die Merkurbank eG will verstärkt ökologische Ziele verwirklichen. Hierzu werden verschiedene Maßnahmen diskutiert.

Prüfen Sie, welche Maßnahme am wenigsten geeignet ist, diese Zielsetzung zu unterstützen.

1. Zur Reduzierung der Stromkosten wechselt die Merkurbank eG zu einem kostengünstigeren Stromanbieter.
2. In sämtlichen Geschäftsstellen wird fortan der Müll getrennt entsorgt.
3. Zukünftig werden für den Fuhrpark nur noch Fahrzeuge mit Elektroantrieb geleast.
4. In sämtlichen Fluren des Hauptsitzes der Merkurbank eG werden intelligente Bewegungsmelder eingebaut.
5. Die älteren Computer in den Geschäftsstellen werden durch neue, energiesparende Geräte ersetzt.

Tragen Sie die Ziffer vor der zutreffenden Aussage in das Kästchen ein. ⇨ ☐

Aufgabe 37

Die Digital Office GmbH hat sich in ihren Unternehmensleitlinien dazu verpflichtet, ökologisch nachhaltig zu wirtschaften.

Prüfen Sie, mit welcher Maßnahme die Digital Office GmbH ökologische Ziele verfolgt.

1. Die Digital Office GmbH erweitert ihre Produktpalette, um einen größeren Kundenkreis anzusprechen.
2. Die Digital Office GmbH setzt sich für die nächste Planungsperiode das Ziel, den Umsatz um 3 % zu steigern.
3. Die Digital Office GmbH wählt den europaweit günstigsten Logistikstandort, um ihre Verkaufspreise senken zu können.
4. Die Digital Office GmbH setzt ihre Ressourcen sparsam ein, um für künftige Generationen vorzusorgen.
5. Die Digital Office GmbH stellt zunehmend junge Mitarbeiter ein, um die Lohnsumme zu senken.

Tragen Sie die Ziffer vor der zutreffenden Aussage in das Kästchen ein. ⇨ ☐

Aufgabe 38

Stellen Sie fest, welche Maßnahme als direkter Beitrag zu einem aktiven Umweltmanagement der Merkurbank eG geeignet ist.

1. Wahl eines neuen günstigeren Stromanbieters
2. Genehmigung des Kreditantrages der Gemeinde Regesbostel für den Bau einer Windkraftanlage
3. Automatische Absenkung der Raumtemperatur in den Abend- und Nachtstunden und am Wochenende
4. Einschaltung einer Druckerei bei großen Vervielfältigungsaufträgen der Marketing-Abteilung
5. Ausstattung aller Büroräume mit einer stationären Klimaanlage

Tragen Sie die Ziffer vor der zutreffenden Aussage in das Kästchen ein. ⇨ ☐

Aufgabe 39

Die Merkurbank eG ist verpflichtet, im Bereich Sicherheit und Gesundheitsschutz eine Reihe von Vorschriften zu erfüllen.

Stellen Sie fest, welche Institution für die Erstellung und die Kontrolle dieser Vorschriften verantwortlich ist.

1. Das zuständige betriebsärztliche Fachpersonal
2. Die zuständige Berufsgenossenschaft
3. Der Betriebsrat des Unternehmens
4. Die zuständige Gewerkschaft
5. Die Industrie- und Handelskammer

Tragen Sie die Ziffer vor der zutreffenden Aussage in das Kästchen ein. ⇨ ☐

5 Berufsausbildung, Arbeits- und Tarifrecht

Aufgabe 40

Pelle Polle beginnt am 01.08.2026 eine Ausbildung zum Bankkaufmann bei der Merkurbank eG.

Ermitteln Sie das Datum (TT.MM.JJJJ), mit dessen Ablauf die Probezeit für Pelle Polle nach den Bestimmungen des Berufsbildungsgesetzes (BBiG) spätestens enden wird.

Tragen Sie das Datum (TT.MM.JJJJ) in die Kästchen ein. ⇨ ☐☐.☐☐.☐☐☐☐

Situation zu den Aufgaben 41 bis 43

Mellina Djokovic, seit Februar dieses Jahres 17 Jahre alt, hat nach langer Suche einen Ausbildungsplatz zur Bankkauffrau bei der Merkurbank eG gefunden. Die Ausbildung soll zum 1. August dieses Jahres beginnen.

Aufgabe 41

Frau Djokovic wird demnächst den Ausbildungsvertrag abschließen.

Stellen Sie fest, welche der folgenden Aussagen zum Abschluss des Berufsausbildungsvertrags richtig ist.

1. Frau Djokovic kann diesen Ausbildungsvertrag allein rechtswirksam abschließen.
2. Die Eltern von Frau Djokovic müssen dem Abschluss des Ausbildungsvertrags vorher zustimmen, da eine nachträgliche Genehmigung nicht ausreicht.
3. Da Frau Djokovic noch minderjährig ist, muss der Ausbildungsvertrag durch ihre Eltern als gesetzliche Vertreter abgeschlossen werden.
4. Da der Abschluss des Ausbildungsvertrags lediglich rechtliche Vorteile mit sich bringt, ist Frau Djokovic dazu ermächtigt, diesen Vertrag allein abzuschließen.
5. Schließt Frau Djokovic den Ausbildungsvertrag allein ab, wird dieser erst durch die Genehmigung der Eltern als gesetzliche Vertreter wirksam.

Tragen Sie die Ziffer vor der zutreffenden Aussage in das Kästchen ein. ⇨ ☐

Aufgabe 42

Frau Djokovic erhält eine Vertragsausfertigung für ihre Unterlagen.

Stellen Sie fest, welche der folgenden Vertragsinhalte rechtswirksame Bestandteile des Berufsausbildungsvertrags sind.

1. Das Ausbildungsverhältnis beginnt mit einer Probezeit. Diese beträgt vier Monate.
2. Nach der Probezeit kann das Ausbildungsverhältnis vom Ausbildenden mit einer Kündigungsfrist von vier Wochen gekündigt werden, wenn betriebliche Belange dies erforderlich machen.
3. Das Ausbildungsverhältnis endet immer nach Ablauf der dreijährigen Ausbildungszeit.
4. Die Auszubildende wird nur an den Tagen für die Berufsschule freigestellt, an denen dadurch der betriebliche Ablauf nicht gestört wird.
5. Es wird vereinbart, dass Frau Djokovic für ihre Ausbildung eine Entschädigung in Höhe von 1.500,00 EUR an den Ausbildungsbetrieb zu zahlen hat.
6. Der Urlaubsanspruch der Auszubildenden beträgt 30 Werktage.

Tragen Sie die Ziffern vor den zutreffenden Aussagen in die Kästchen ein. ⇨ ☐☐

Aufgabe 43

Frau Djokovic erhält ihre erste Abrechnung über die Ausbildungsvergütung. Unklar ist sie sich über diverse Abzüge. Beurteilen Sie die unten stehenden Aussagen im Hinblick auf die unterschiedlichen Abzüge von der Ausbildungsvergütung.

Stellen Sie fest, welche dieser Aussagen ...

1. ... nur auf die gesetzliche Krankenversicherung,
2. ... nur auf die gesetzliche Pflegeversicherung,
3. ... nur auf die gesetzliche Rentenversicherung,
4. ... nur auf die gesetzliche Arbeitslosenversicherung,
5. ... auf alle vier genannten Zweige der Sozialversicherung,
6. ... auf keine der vier genannten Zweige der Sozialversicherung

zutreffen.

Tragen Sie die Ziffer vor der jeweils zutreffenden Antwort in die Kästchen ein.

Aussagen

a) Aufgrund der Höhe ihrer Vergütung ist Frau Djokovic von dieser Sozialversicherungspflicht befreit.	⇨	☐
b) Da die Ausbildungsvergütung von Frau Djokovic unter der Beitragsbemessungsgrenze liegt, werden ihre Beiträge zur Sozialversicherung prozentual von ihrer Ausbildungsvergütung ermittelt.	⇨	☐
c) Für diesen Zweig der Sozialversicherung gilt der höchste Beitragssatz aller Zweige der Sozialversicherung.	⇨	☐
d) Für diesen Zweig der Sozialversicherung gilt der niedrigste Beitragssatz aller Zweige der Sozialversicherung.	⇨	☐

Aufgabe 44

Mannar Damarkan, 19 Jahre, hat eine Ausbildung zum Bankkaufmann bei der Merkurbank eG begonnen.

Nach Ablauf der Probezeit hat er erhebliche Zweifel, ob er wirklich den richtigen Ausbildungsberuf gewählt hat und besser eine handwerkliche Ausbildung beginnen sollte.

Stellen Sie fest, welche Aussage die rechtlichen Vorschriften zur Kündigung des Ausbildungsverhältnisses zutreffend ist.

Nach Ablauf der Probezeit ...

1. ... kann das Ausbildungsverhältnis durch Herrn Damarkan jederzeit ohne Angabe von Gründen gekündigt werden.

2. ... kann das Ausbildungsverhältnis durch beide Vertragspartner jederzeit mit einer Kündigungsfrist von vier Wochen gekündigt werden.

3. ... kann Herr Damarkan schriftlich mit einer Kündigungsfrist von vier Wochen kündigen, wenn er die Berufsausbildung wechseln möchte.

4. ... kann Herr Damarkan formfrei mit einer Kündigungsfrist von vier Wochen kündigen, wenn er die Berufsausbildung aufgeben möchte.

5. ... ist eine Kündigung des Ausbildungsverhältnisses durch Herrn Damarkan nur möglich, wenn die Merkurbank eG dieser Kündigung zustimmt.

Tragen Sie die Ziffer vor der zutreffenden Aussage in das Kästchen ein.	⇨	☐

Aufgabe 45

Zum Schutz der Arbeitnehmer existieren in Deutschland eine Vielzahl unterschiedlicher Gesetze. Ordnen Sie den folgenden Arbeitsgesetzen die passende Arbeitnehmerschutzbestimmung zu.

Arbeitsgesetze

1. Berufsbildungsgesetz
2. Sozialgesetzbuch
3. Jugendarbeitsschutzgesetz
4. Bundesurlaubsgesetz
5. Arbeitszeitgesetz
6. Mutterschutzgesetz

Arbeitnehmerschutzbestimmungen

a)	Jugendliche dürfen nicht mehr als acht Stunden täglich beschäftigt werden.	⇨ ☐
b)	Die Arbeitnehmenden müssen nach Beendigung der täglichen Arbeitszeit eine ununterbrochene Ruhezeit von mindestens elf Stunden haben.	⇨ ☐
c)	Bei einem Berufsausbildungsverhältnis beträgt die Probezeit mindestens einen und maximal vier Monate.	⇨ ☐
d)	Werdende Mütter dürfen in den letzten sechs Wochen vor der Entbindung nicht beschäftigt werden.	⇨ ☐
e)	Schwerbehinderten werden pro Jahr sechs Tage Urlaub zusätzlich gewährt und es besteht ein besonderer Kündigungsschutz.	⇨ ☐
f)	Es ist ein bezahlter Erholungsurlaub von mindestens 24 Werktagen pro Jahr zu gewähren.	⇨ ☐

Zu den Aufgaben 46 bis 51 beachten Sie bitte die folgenden Ausschnitte aus dem Bundesurlaubsgesetz!

§ 1 Urlaubsanspruch

Jeder Arbeitnehmer hat in jedem Kalenderjahr Anspruch auf bezahlten Erholungsurlaub.

§ 2 Geltungsbereich

Arbeitnehmer im Sinne des Gesetzes sind Arbeiter und Angestellte sowie die zu ihrer Berufsausbildung Beschäftigten. Als Arbeitnehmer gelten auch Personen, die wegen ihrer wirtschaftlichen Unselbstständigkeit als arbeitnehmerähnliche Personen anzusehen sind; [...]

§ 3 Dauer des Urlaubs

(1) Der Urlaub beträgt jährlich mindestens 24 Werktage.

(2) Als Werktage gelten alle Kalendertage, die nicht Sonn- oder gesetzliche Feiertage sind.

§ 4 Wartezeit

Der volle Urlaubsanspruch wird erstmalig nach sechsmonatigem Bestehen des Arbeitsverhältnisses erworben.

§ 5 Teilurlaub

(1) Anspruch auf ein Zwölftel des Jahresurlaubs für jeden vollen Monat des Bestehens des Arbeitsverhältnisses hat der Arbeitnehmer

a) für Zeiten eines Kalenderjahrs, für die er wegen Nichterfüllung der Wartezeit in diesem Kalenderjahr keinen vollen Urlaubsanspruch erwirbt;
b) wenn er vor erfüllter Wartezeit aus dem Arbeitsverhältnis ausscheidet;
c) wenn er nach erfüllter Wartezeit in der ersten Hälfte eines Kalenderjahrs aus dem Arbeitsverhältnis ausscheidet.

(2) Bruchteile von Urlaubstagen, die mindestens einen halben Tag ergeben, sind auf volle Urlaubstage aufzurunden.

(3) Hat der Arbeitnehmer im Falle des Absatzes 1 Buchstabe c bereits Urlaub über den ihm zustehenden Umfang hinaus erhalten, so kann das dafür gezahlte Urlaubsentgelt nicht zurückgefordert werden.

§ 6 Ausschluss von Doppelansprüchen

(1) Der Anspruch auf Urlaub besteht nicht, soweit dem Arbeitnehmer für das laufende Kalenderjahr bereits von einem früheren Arbeitgeber Urlaub gewährt worden ist.

(2) Der Arbeitgeber ist verpflichtet, bei Beendigung des Arbeitsverhältnisses dem Arbeitnehmer eine Bescheinigung über den im laufenden Kalenderjahr gewährten oder abgegoltenen Urlaub auszuhändigen.

§ 7 Zeitpunkt, Übertragbarkeit und Abgeltung des Urlaubs

[...]

(3) Der Urlaub muss im laufenden Kalenderjahr gewährt und genommen werden. Eine Übertragung des Urlaubs auf das nächste Kalenderjahr ist nur statthaft, wenn dringende betriebliche oder in der Person des Arbeitnehmers liegende Gründe dies rechtfertigen. Im Fall der Übertragung muss der Urlaub in den ersten drei Monaten des folgenden Kalenderjahrs gewährt und genommen werden. Auf Verlangen des Arbeitnehmers ist ein nach § 5 Abs. 1 Buchstabe a entstehender Teilurlaub jedoch auf das nächste Kalenderjahr zu übertragen.

(4) Kann der Urlaub wegen Beendigung des Arbeitsverhältnisses ganz oder teilweise nicht mehr gewährt werden, so ist er abzugelten.

§ 8 Erwerbstätigkeit während des Urlaubs

Während des Urlaubs darf der Arbeitnehmer keine dem Urlaubszweck widersprechende Erwerbstätigkeit leisten.

§ 9 Erkrankung während des Urlaubs

Erkrankt ein Arbeitnehmer während des Urlaubs, so werden die durch ärztliches Zeugnis nachgewiesenen Tage der Arbeitsunfähigkeit auf den Jahresurlaub nicht angerechnet.

Situation zu den Aufgaben 46 bis 48

Herr Henning hat am 1. Januar sein Arbeitsverhältnis bei einem Zulieferer der Digital Office GmbH angetreten. Er erkundigt sich bei Ihnen nach dem ihm zustehenden Urlaub. Die gesetzlichen Bestimmungen liegen dem Arbeitsverhältnis zugrunde, ein Tarifvertrag gilt nicht. Die vereinbarte Probezeit beträgt 3 Monate.

Aufgabe 46

Wie viel Werktage Erholungsurlaub stehen Herrn Henning jährlich zu?

Tragen Sie die Anzahl der Werktage in die Kästchen ein. ⇨ ☐☐ Werktage

Aufgabe 47

Ab wann kann Herr Henning seinen gesamten Jahresurlaub zusammenhängend nehmen?

1. Herr Henning hat bereits am 1. April Anspruch auf den gesamten Jahresurlaub.
2. Herr Henning hat erst ab 1. Juni Anspruch auf den gesamten Jahresurlaub.
3. Herr Henning hat erst ab 1. Juli Anspruch auf den gesamten Jahresurlaub.
4. Herr Henning darf seinen gesamten Jahresurlaub nicht auf einmal nehmen.
5. Herr Henning hat bereits nach 6 Wochen seiner Betriebszugehörigkeit Anspruch auf den gesamten Jahresurlaub.

Tragen Sie die Ziffer vor der zutreffenden Aussage in das Kästchen ein. ⇨ ☐

Aufgabe 48

Da es aus betrieblichen Gründen nicht möglich ist, den gesamten Jahresurlaub für das laufende Jahr bis zum Jahresende zu nehmen, möchte Herr Henning wissen, bis wann er schließlich den Resturlaub genommen haben muss. Welches Datum nennen Sie ihm?

1. Bis 31. Dezember dieses Jahres.

2. Bis 31. März nächsten Jahres.

3. Bis 30. April nächsten Jahres.

4. Bis 30. Juni nächsten Jahres.

5. Bis 31. Dezember nächsten Jahres.

Tragen Sie die Ziffer vor der zutreffenden Aussage in das Kästchen ein. ⇨ ☐

Aufgabe 49

Wie viel Werktage Urlaub stehen der Mitarbeiterin Heike Wiemann für das laufende Jahr zu, wenn sie am 1. Januar ihre Tätigkeit bei dem Zulieferer der Digital Office GmbH begonnen hat und nach 7-monatiger Beschäftigung bereits 14 Tage genommen hat? In ihrem Arbeitsvertrag ist die gesetzliche Urlaubsregelung vereinbart worden.

Tragen Sie die Anzahl der Urlaubstage in die Kästchen ein. ⇨ ☐☐ Werktage

Aufgabe 50

Während des Urlaubs erkrankt die Angestellte Sonja Weber, sie muss für 2 Tage das Bett hüten. Dann besucht sie einen Arzt. Dieser schreibt sie für 4 Tage krank. Die Angestellte verlangt daraufhin ihren Urlaubsanspruch um 6 Tage zu verlängern. Um wie viel Tage ist der Urlaubsanspruch der Angestellten laut Bundesurlaubsgesetz zu verlängern?

Tragen Sie die korrekte Anzahl der Tage in das Kästchen ein. ⇨ ☐ Tage

Aufgabe 51

Der Mindesturlaub eines Beschäftigten ist im Bundesurlaubsgesetz geregelt. Welche Aussage **widerspricht** den gesetzlichen Bestimmungen?

1. Der Arbeitgeber ist verpflichtet, bei Beendigung des Arbeitsverhältnisses dem Arbeitgeber eine Bescheinigung über den im laufenden Jahr gewährten Urlaub auszustellen.

2. Der im Gesetz festgelegte Mindesturlaub darf tariflich zugunsten des Arbeitnehmers überschritten werden.

3. Der volle Urlaubsanspruch wird erstmals nach sechsmonatigem Bestehen des Arbeitsverhältnisses erworben.

4. Kann der Urlaub wegen Beendigung des Arbeitsverhältnisses ganz oder teilweise nicht mehr gewährt werden, so verfällt er.

5. Jeder Arbeitnehmer hat in jedem Kalenderjahr Anspruch auf bezahlten Urlaub.

Tragen Sie die Ziffer vor der zutreffenden Aussage in das Kästchen ein. ⇨ ☐

Situation zu den Aufgaben 52 bis 55

Der 15-jährige Bilial Özan hat sich bei der Merkurbank eG erfolgreich um eine 3-jährige Ausbildung zum Bankkaufmann beworben. Herr Özan kommt zu Ihnen in die Personalabteilung, um seinen Ausbildungsvertrag zu unterzeichnen. Herr Özan wird die Ausbildung am 01.08.2026 beginnen. Im Ausbildungsvertrag wird die gesetzlich maximal mögliche Probezeit vereinbart. Herr Özan wird an berufsschulfreien Tagen um 08:00 Uhr mit der Arbeit in der Merkurbank eG beginnen.

Aufgabe 52

Sie erläutern Herrn Özan den zeitlichen Ablauf seiner Berufsausbildung. Bringen Sie die folgenden Termine a) bis f) durch Eintragen der Ziffern **1.** bis **6.** in die richtige zeitliche Reihenfolge.

a) Beginn der Berufsausbildung am 01.08.2026.

b) Ärztliche Erstuntersuchung.

c) Erste ärztliche Nachuntersuchung ein Jahr nach Aufnahme der Beschäftigung.

d) Letzter Prüfungsteil (mündliche Abschlussprüfung), vorläufige Mitteilung über das Bestehen der Abschlussprüfung.

e) 1. Teil der gestreckten Abschlussprüfung am 15.10.2027.

f) 2. Teil der gestrecken Abschlussprüfung am 25.11.2029.

Aufgabe 53

Stellen Sie fest, welcher Inhalt aufgrund gesetzlicher Vorgaben nicht in den Ausbildungsvertrag von Herrn Özan aufgenommen werden darf.

1. Das Berufsausbildungsverhältnis beginnt am 01.08.2026.

2. Die Ausbildungsvergütung beträgt im ersten, zweiten und dritten Ausbildungsjahr jeweils 960,00 EUR je Monat.

3. Die tägliche Ausbildungszeit beträgt 8 Stunden.

4. Für das Jahr 2027 besteht ein Urlaubsanspruch von 30 Arbeitstagen.

5. Als Ausbildungsmaßnahme außerhalb der Ausbildungsstätte ist ein vierwöchiger Aufenthalt am Standort Frankfurt vorgesehen.

Tragen Sie die Ziffer vor der zutreffenden Aussage in das Kästchen ein.

Aufgabe 54

Nennen Sie das Datum, an dem die Probezeit von Herrn Özan spätestens endet.

Tragen Sie das Datum (TT.MM.JJJJ) in die Kästchen ein.

Aufgabe 55

Herr Özan erkundigt sich nach einem qualifizierten Zeugnis. Stellen Sie fest, welche der folgenden Antworten korrekt ist.

1. Ein qualifiziertes Zeugnis darf nur in Absprache mit dem Betriebsrat erstellt werden.
2. Ein Auszubildender hat keinen Anspruch auf ein qualifiziertes Zeugnis.
3. Ein qualifiziertes Zeugnis enthält nur Angaben über Art, Dauer und Ziel der Berufsausbildung sowie über die erworbenen Kenntnisse und Fertigkeiten eines Auszubildenden.
4. Der Ausbildende muss jedem Auszubildenden auf Verlangen ein qualifiziertes Zeugnis ausstellen.
5. Der Ausbildende hat jedem Auszubildenden ohne Aufforderung ein qualifiziertes Zeugnis auszustellen.

Tragen Sie die Ziffer vor der zutreffenden Aussage in das Kästchen ein. ⇨ ☐

Aufgabe 56

Birgit Ratai, Leiterin der Kreditabteilung der Merkurbank eG, erwartet im Oktober des laufenden Jahres ihr erstes Kind. Sie teilte der Merkurbank eG ihre Schwangerschaft und den voraussichtlichen Tag der Entbindung bereits mit.

Stellen Sie fest, welche der nachfolgenden Aussagen zum Mutterschutz richtig sind.

1. Bis zum Eintritt in die Mutterschutzfrist hat Frau Ratai einen Anspruch auf zusätzlich 30 Minuten Pause pro Arbeitstag.
2. Die Merkurbank eG ist berechtigt, den Urlaubsanspruch während der Schutzfrist mit dem Jahresurlaub zu verrechnen.
3. Während der Schutzfrist von sechs Wochen vor der Entbindung darf Frau Ratai nur mit ihrer ausdrücklichen Zustimmung beschäftigt werden.
4. Während der Schutzfrist vor und nach der Entbindung hat Frau Ratai Anspruch auf die Weiterzahlung ihres Monatsgehalts.
5. Innerhalb von acht Wochen nach der Entbindung darf Frau Ratai nicht beschäftigt werden, auch wenn sie einer Beschäftigung während dieser Zeit ausdrücklich zustimmt.
6. Während der Schwangerschaft und innerhalb der ersten vier Monate nach der Geburt dürfen weder die Merkurbank eG noch Frau Ratai das Arbeitsverhältnis kündigen.

Tragen Sie die Ziffern vor den zutreffenden Aussagen in die Kästchen ein. ⇨ ☐ ☐

Situation zu den Aufgaben 57 und 58

Sally Vogel (22 Jahre alt, ledig, keine Kinder) hat im Jahr 2026 ihre Ausbildung bei der Merkurbank eG beendet. Seit dem 01.09.2026 arbeitet sie als Angestellte bei der Merkurbank eG. Sally Vogel hat einen unbefristeten Arbeitsvertrag. Am 15.10.2026 erhält Frau Vogel eine betriebsbedingte Kündigung.

Aufgabe 57

Ermitteln Sie das Datum (TT/MM/JJJJ), zu dem das Arbeitsverhältnis von Sally Vogel gemäß den Bestimmungen des BGB enden würde. Nutzen Sie dazu den nachstehenden **Auszug aus dem Bürgerlichen Gesetzbuch (BGB).**

§ 622 BGB Kündigungsfristen bei Arbeitsverhältnissen

(1) Das Arbeitsverhältnis eines Arbeiters oder eines Angestellten (Arbeitnehmers) kann mit einer Frist von vier Wochen zum Fünfzehnten oder zum Ende eines Kalendermonats gekündigt werden.

(2) Für eine Kündigung durch den Arbeitgeber beträgt die Kündigungsfrist, wenn das Arbeitsverhältnis in dem Betrieb oder Unternehmen

1. zwei Jahre bestanden hat, einen Monat zum Ende eines Kalendermonats,
2. fünf Jahre bestanden hat, zwei Monate zum Ende eines Kalendermonats,
3. acht Jahre bestanden hat, drei Monate zum Ende eines Kalendermonats,
4. zehn Jahre bestanden hat, vier Monate zum Ende eines Kalendermonats,
5. zwölf Jahre bestanden hat, fünf Monate zum Ende eines Kalendermonats,
6. 15 Jahre bestanden hat, sechs Monate zum Ende eines Kalendermonats,
7. 20 Jahre bestanden hat, sieben Monate zum Ende eines Kalendermonats.

(3) Während einer vereinbarten Probezeit, längstens für die Dauer von sechs Monaten, kann das Arbeitsverhältnis mit einer Frist von zwei Wochen gekündigt werden.

Tragen Sie das Datum (TT.MM.JJJJ) in die Kästchen ein. ⇨ ☐☐.☐☐.☐☐☐☐

Aufgabe 58

Sally Vogel ist mit der Kündigung nicht einverstanden und wendet sich an den Betriebsrat der Merkurbank eG, mit der Bitte zu prüfen, ob in ihrem Fall eine sozial ungerechtfertigte Kündigung nach § 1 Kündigungsschutzgesetz (KSchG) vorliege.

Stellen Sie fest, welche der folgenden Aussagen auf den geschilderten Fall zutrifft.

1. Sally Vogel kann sich auf den § 1 KSchG berufen, da ihre Kündigung nicht in ihrem Verhalten oder in ihrer Person begründet ist.
2. Sally Vogel kann sich nicht auf den § 1 KSchG berufen, da ihre Betriebszugehörigkeit unter der dort geforderten Mindestdauer liegt.
3. Sally Vogel kann sich nicht auf den § 1 KSchG berufen, da sie das 25. Lebensjahr noch nicht vollendet hat.
4. Sally Vogel kann sich auf den § 1 KSchG berufen, da sie eine abgeschlossene Berufsausbildung vorzuweisen hat.
5. Der Betriebsrat kann der Kündigung innerhalb von drei Wochen widersprechen. Damit wird die Kündigung von Sally Vogel unwirksam.

Tragen Sie die Ziffer vor der zutreffenden Aussage in das Kästchen ein. ⇨ ☐

Situation zu den Aufgaben 59 und 60

Sevila Ürelis, 28 Jahre, verheiratet, ein Kind, ist seit vier Jahren bei der Merkurbank eG mit monatlich 30 Stunden als Kundenberaterin beschäftigt.

Aufgrund ihrer wiederholten Unpünktlichkeit wurden mit ihr bereits zwei Mitarbeitergespräche geführt, in denen man ihr u. a. einen späteren Beginn ihrer täglichen Arbeitszeit anbot. Dieses Angebot lehnte sie mit Verweis auf ihr Kind ab.

Nach zwei erfolglosen Abmahnungen kündigt ihr die Merkurbank eG fristgerecht.

Aufgabe 59

Frau Ürelis vermutet, dass diese Kündigung sozial ungerechtfertigt ist.

Stellen Sie fest, welche der folgenden Aussagen gemäß Kündigungsschutzgesetz zutreffend sind.

1. Die Kündigung ist sozial ungerechtfertigt, da Frau Ürelis aufgrund ihres Kindes erweiterten Kündigungsschutz hat.
2. Die Kündigung erfolgte aus dringenden betrieblichen Erfordernissen und ist somit sozial gerechtfertigt.
3. Da es sich um eine Kündigung aus wichtigem Grund handelt, ist es nicht von Bedeutung, ob die Kündigung sozial gerechtfertigt ist oder nicht.
4. Die Kündigung ist sozial gerechtfertigt, da sie im Verhalten von Frau Ürelis begründet ist.
5. Aufgrund des Teilzeitvertrags von Frau Ürelis ist die Kündigung sozial gerechtfertigt, da das Kündigungsschutzgesetz nur für Vollzeitbeschäftigte gilt.
6. Die Merkurbank eG hatte im Vorfeld ausreichende Schritte unternommen, die bevorstehende Kündigung abzuwenden. Daher ist die Kündigung sozial gerechtfertigt.

Tragen Sie die Ziffern vor den zutreffenden Aussagen in die Kästchen ein. ⇨ ☐ ☐

Aufgabe 60

Frau Ürelis hat sich einen Termin beim Betriebsrat geben lassen, um sich Rat einzuholen.

Stellen Sie fest, welche der folgenden Aussagen zur Beteiligung des Betriebsrats bei Kündigungen durch den Arbeitgeber nach dem Betriebsverfassungsgesetz zutreffend ist.

1. Der Betriebsrat hat ein Anhörungsrecht, d. h., er muss nach jeder Kündigung angehört werden.
2. Da der Betriebsrat ein Mitbestimmungsrecht bei sozialen Angelegenheiten hat, ist die Kündigung ohne seine Zustimmung unwirksam.
3. Äußert der Betriebsrat gegen diese Kündigung Bedenken, so hat er diese unter Angabe von Gründen dem Arbeitgeber spätestens innerhalb einer Woche mitzuteilen.
4. Im Falle eines erfolgreichen Widerspruchs durch den Betriebsrat müsste die Merkurbank eG die Kündigung wieder rückgängig machen.
5. Bei Kündigungen durch den Arbeitgeber hat der Betriebsrat nur ein Informationsrecht.

Tragen Sie die Ziffer vor der zutreffenden Aussage in das Kästchen ein. ⇨ ☐

Aufgabe 61

Terrific To Late, 28 Jahre, wurde von der Merkurbank eG wegen mehrerer Verstöße gegen die Arbeitszeitbestimmungen der Merkurbank eG form- und fristgerecht ordentlich gekündigt.

Herr To Late erwägt, gegen die Kündigung vor dem Arbeitsgericht zu klagen.

Stellen Sie fest, welche der folgenden Aussagen zum Kündigungsschutzgesetz zutreffend sind.

1. Herr To Late kann nur klagen, wenn er vorab Einspruch gegen die Kündigung beim Betriebsrat eingelegt hat.
2. Herr To Late kann innerhalb von drei Wochen nach Erhalt der Kündigung vor dem Arbeitsgericht Klage auf Feststellung erheben, dass das Arbeitsverhältnis durch die Kündigung nicht aufgelöst ist.
3. Herr To Late kann innerhalb von zwei Wochen nach Zugang der Kündigung Einspruch beim Betriebsrat einlegen.
4. Die Ausschlussfrist für die Klage vor dem Arbeitsgericht beträgt nach Zugang der Kündigung zwei Wochen.
5. Wenn der Betriebsrat den Einspruch gegen die Kündigung für unbegründet hält, hat Herr To Late trotzdem die Möglichkeit, vor dem Arbeitsgericht Klage auf Feststellung zu erheben, dass das Arbeitsverhältnis durch die Kündigung nicht aufgelöst ist.
6. Erachtet der Betriebsrat den Einspruch gegen die Kündigung für begründet, so muss er für Herrn To Late vor dem Arbeitsgericht Klage erheben.

Tragen Sie die Ziffern vor den zutreffenden Aussagen in die Kästchen ein. ⇨ ☐ ☐

Aufgabe 62

Melitta Mental, im siebten Monat schwanger, ist Mitarbeiterin der Merkurbank eG.

Stellen Sie fest, welche der folgenden Beschäftigungsmöglichkeiten nach dem Mutterschutzgesetz zulässig ist.

1. Werdende Mütter dürfen an Sonn- und Feiertagen beschäftigt werden.
2. Auf eigene Verantwortung dürfen werdende Mütter jede Tätigkeit ausüben.
3. Sechs Wochen vor und acht Wochen nach der Entbindung besteht ausnahmslos ein Beschäftigungsverbot.
4. Auf Wunsch können Mütter sofort nach der Entbindung ihre frühere Tätigkeit im Betrieb wieder aufnehmen.
5. Wenn sich Frau Mental in den letzten sechs Wochen vor der Entbindung ausdrücklich dazu bereit erklärt, ihre Arbeitsleistung dem Unternehmen zur Verfügung zu stellen, darf sie unter Berücksichtigungen der Schutzvorschriften des Mutterschutzgesetzes beschäftigt werden.

Tragen Sie die Ziffer vor der zutreffenden Aussage in das Kästchen ein. ⇨ ☐

Aufgabe 63

Sören Lerby, seit fünf Jahren als Kundenberater bei der Merkurbank eG beschäftigt, kündigt sein Arbeitsverhältnis zum 31.05.2026. Herr Lerby möchte von der Personalabteilung der Merkurbank eG wissen, wie viele Arbeitstage Urlaub ihm bei einem tariflich garantierten jährlichen Urlaubsanspruch von 30 Arbeitstagen anteilig für das Kalenderjahr 2026 zustehen.

Ermitteln Sie unter Beachtung des nachstehend abgebildeten **Auszugs aus dem Bundesurlaubsgesetz (BUrlG)** die Anzahl der Arbeitstage, die Herrn Lerby für das Kalenderjahr 2026 bis zu seinem Ausscheiden aus der Merkurbank eG anteilig als Urlaub zustehen.

§ 4 Wartezeit

Der volle Urlaubsanspruch wird erstmalig nach sechsmonatigem Bestehen des Arbeitsverhältnisses erworben.

§ 5 Teilurlaub

(1) Anspruch auf ein Zwölftel des Jahresurlaubs für jeden vollen Monat des Bestehens des Arbeitsverhältnisses hat der Arbeitnehmer

a) für Zeiten eines Kalenderjahrs, für die er wegen Nichterfüllung der Wartezeit in diesem Kalenderjahr keinen vollen Urlaubsanspruch erwirbt;

b) wenn er vor erfüllter Wartezeit aus dem Arbeitsverhältnis ausscheidet;

c) wenn er nach erfüllter Wartezeit in der ersten Hälfte eines Kalenderjahrs aus dem Arbeitsverhältnis ausscheidet.

(2) Bruchteile von Urlaubstagen, die mindestens einen halben Tag ergeben, sind auf volle Urlaubstage aufzurunden.

(...)

Tragen Sie die Tage in die Kästchen ein. ⇨ ☐☐ Tage

Aufgabe 64

Berivan Botox, geboren am 15.03.1983, ist seit dem 01.10.2006 bei der Merkurbank eG beschäftigt.

Am 05.12.2026 übergibt Frau Botox Ihnen als Mitarbeiter/Mitarbeiterin in der Personalabteilung ein auf denselben Tag datiertes Schreiben, mit dem sie ihr Arbeitsverhältnis zum 31.01.2027 kündigt.

Die Merkurbank eG möchte die freiwerdende Stelle so schnell wie möglich neu besetzen. Es liegen keine Betriebsvereinbarungen über Einstellungen vor. Die Leitung der Arbeitsvorbereitung verlangt deshalb, die Stelle sofort in einer Internet-Jobbörse auszuschreiben.

Stellen Sie fest, welche Vereinbarung die Merkurbank eG im Rahmen einer Betriebsvereinbarung mit dem Betriebsrat bei der Neubesetzung von Stellen getroffen haben könnte.

1. Der Betriebsrat kann eine interne Stellenausschreibung verlangen, bevor die Stelle extern ausgeschrieben wird.
2. Wenn die Stelle von Frau Botox wieder besetzt ist, muss der Betriebsrat nur informiert werden.
3. Bei der Auswahl der sich bewerbenden Personen hat der Betriebsrat ein Beratungsrecht, deshalb ist er erst nach der Stellenausschreibung zu benachrichtigen.
4. Bei der Auswahl der sich bewerbenden Personen hat der Betriebsrat kein Mitbestimmungsrecht, deshalb braucht er von der Stellenausschreibung nicht benachrichtigt zu werden.
5. Erst nach einem erfolglosen internen Stellenbesetzungsverfahren kann der Betriebsrat eine externe Stellenausschreibung verlangen.

Tragen Sie die Ziffer vor der zutreffenden Aussage in das Kästchen ein. ⇨ ☐

6 Grundzüge des Einkommensteuerrechts

Aufgabe 65

Inge Hannen, Marketingspezialistin der Merkurbank eG, erhält ein Bruttogehalt in Höhe von 2.890,00 EUR. Auf einen Bausparvertrag von Frau Hannen werden jeden Monat 40,00 EUR vermögenswirksame Leistungen überwiesen; davon leistet die Merkurbank eG die Hälfte.

Ermitteln Sie das monatliche steuer- und sozialversicherungspflichtige Einkommen für Frau Hannen in EUR.

Runden Sie Ihr Ergebnis auf zwei Stellen nach dem Komma.

Tragen Sie das Ergebnis in die Kästchen ein. ⇨ ☐.☐☐☐,☐☐ EUR

Aufgabe 66

Sidonius Alfaidis, Einkäufer bei der Digital Office GmbH, will seine Einkommensteuererklärung beim zuständigen Finanzamt einreichen. Folgende Aufwendungen hat er zusammengestellt, die er steuermindernd beim Finanzamt geltend machen möchte:

Fahrten zwischen Wohnung und Arbeitsstätte	920,00 EUR
+ Gezahlte Gewerkschaftsbeiträge	340,00 EUR
+ Kontoführungsentgelt für das Gehaltskonto	32,00 EUR
+ Beruflich bedingte Fortbildungskosten	250,00 EUR
+ Bezugspreis einer Fachzeitschrift	120,00 EUR
= Summe	1.662,00 EUR

Stellen Sie fest, welche Beschreibung zur steuerlichen Behandlung der Aufwendungen nach dem Einkommensteuergesetz für Sidonius Alfaidis zutreffend ist.

1. Die gezahlten Fortbildungskosten kann Herr Alfaidis nur als außergewöhnliche Belastungen geltend machen.
2. Die Bezugsgebühren für die Fachzeitschrift „Der Einkäufer" können im Rahmen der Einkommensteuererklärung als Sonderausgaben geltend gemacht werden.
3. Die gezahlten Gewerkschaftsbeiträge kann Herr Alfaidis als Werbungskosten geltend machen.
4. Herr Alfaidis kann das Kontoführungsentgelt als Sonderausgabe geltend machen.
5. Keine der genannten Aufwendungen ist steuermindernd abzugsfähig.

Tragen Sie die Ziffer vor der zutreffenden Aussage in das Kästchen ein. ⇨ ☐

Aufgabe 67

Im Rahmen der Einkommensteuererklärung ist es möglich, Vorsorgeaufwendungen geltend zu machen, um dadurch das zu versteuernde Einkommen zu senken.

Stellen Sie fest, welche der folgenden Aufwendungen zu den Vorsorgeaufwendungen zählen.

1. Aufwendungen für Fahrten zwischen Wohnung und Arbeitsstätte
2. Beiträge für die Vollkaskoversicherung des privaten Pkw
3. Beiträge für eine zusätzliche freiwillige Pflegeversicherung

4. Gezahlte Kirchensteuer
5. Spende an das Kinderhilfswerk UNICEF
6. Beiträge zu einer privaten Unfallversicherung

Tragen Sie die Ziffern vor den zutreffenden Aussagen in die Kästchen ein. ⇨ ☐ ☐

Aufgabe 68

Sie wollen im nächsten Monat heiraten. Als Angestellter/-e der Merkurbank eG verfügen Sie zurzeit über ein Bruttogehalt von 2.965,00 EUR, Ihr Partner/-in verdient als Schauspieler/-in ein monatliches Bruttogehalt von 1.170,00 EUR. Sie sind sich beide unsicher, welche Auswirkung die Heirat auf Ihre Lohnsteuerklassen hat.

Stellen Sie fest, welche der folgenden Aussagen zu den Lohnsteuerklassen nach dem Einkommensteuergesetz in diesem Zusammenhang zutreffend ist. Nutzen Sie dazu den nachstehenden **Auszug aus dem Einkommensteuergesetz (EStG).**

§ 38 b EStG Lohnsteuerklassen

Für die Durchführung des Lohnsteuerabzugs werden unbeschränkt einkommensteuerpflichtige Arbeitnehmer in Steuerklassen eingereiht. Dabei gilt Folgendes:

1. In die Steuerklasse I gehören Arbeitnehmer, die
   a) ledig sind,
   b) verheiratet, verwitwet oder geschieden sind und bei denen die Voraussetzungen für die Steuerklasse III oder IV nicht erfüllt sind;
2. in die Steuerklasse II gehören die unter Nummer 1 bezeichneten Arbeitnehmer, wenn bei ihnen der Haushaltsfreibetrag (§ 32 Abs. 7) zu berücksichtigen ist;
3. in die Steuerklasse III gehören Arbeitnehmer,
   a) die verheiratet sind, wenn beide Ehegatten unbeschränkt einkommensteuerpflichtig sind und nicht dauernd getrennt leben und
      aa) der Ehegatte des Arbeitnehmers keinen Arbeitslohn bezieht oder
      bb) der Ehegatte des Arbeitnehmers auf Antrag beider Ehegatten in die Steuerklasse eingereiht wird,

⋮

4. in die Steuerklasse IV gehören Arbeitnehmer, die verheiratet sind, wenn beide Ehegatten unbeschränkt einkommensteuerpflichtig sind und nicht dauernd getrennt leben und der Ehegatte des Arbeitnehmers ebenfalls Arbeitslohn bezieht;
5. in die Steuerklasse V gehören die unter Nummer 4 bezeichneten Arbeitnehmer, wenn der Ehegatte des Arbeitnehmers auf Antrag beider Ehegatten in die Steuerklasse III eingereiht wird;
6. die Steuerklasse VI gilt bei Arbeitnehmern, die nebeneinander von mehreren Arbeitgebern Arbeitslohn beziehen, für die Einbehaltung der Lohnsteuer vom Arbeitslohn aus dem zweiten und weiteren Dienstverhältnis.

1. Nach der Heirat können Eheleute zeitlich unbegrenzt die vor der Ehe bestehenden Lohnsteuerklassen behalten.

2. Im Jahr der Eheschließung erfolgt eine Umstellung auf die Lohnsteuerklassen III und V nur, wenn dies von beiden Ehepartnern beantragt wird.

3. Für Eheleute besteht prinzipiell eine Wahlmöglichkeit zwischen den beiden Kombinationen der Lohnsteuerklassen von II und V bzw. IV und IV, wobei aufgrund ihrer Bruttogehälter die Kombination IV und IV ratsam wäre.

4. Sollte einer der Ehepartner ein zweites Arbeitsverhältnis neben seiner Angestelltentätigkeit eingehen, so wird für dieses zweite Arbeitsverhältnis die Steuerklasse II vergeben.

5. Da das Einkommen von Ihnen deutlich höher ist als das Ihres/-r Ehepartners/Ehepartnerin, ordnet Sie das Finanzamt ohne besonderen Antrag ab dem Tag der Eheschließung in die Lohnsteuerklasse III und Ihren/Ihre Ehepartner/-in in Lohnsteuerklasse VI ein.

Tragen Sie die Ziffer vor der zutreffenden Aussage in das Kästchen ein. ⇨ ☐

Aufgabe 69

Stellen Sie fest, in welcher Zeile Träger und Leistung dem entsprechenden Sozialversicherungszweig richtig zugeordnet sind.

1. Sozialversicherungszweig: Rentenversicherung
Träger: Deutsche Rentenversicherung Bund
Leistung: Private Altersvorsorge

2. Sozialversicherungszweig: Arbeitslosenversicherung
Träger: Bundesagentur für Arbeit
Leistung: Kurzarbeitergeld

3. Sozialversicherungszweig: Krankenversicherung
Träger: Kassenärztliche Vereinigung
Leistung: Krankengeld

4. Sozialversicherungszweig: Pflegeversicherung
Träger: Sozialämter
Leistung: Geld- und Sachleistungen

5. Sozialversicherungszweig: Unfallversicherung
Träger: Berufsgenossenschaft
Leistung: Arzneimittel

Tragen Sie die Ziffer vor der zutreffenden Aussage in das Kästchen ein. ⇨ ☐

Aufgabe 70

Sarah Sorge, Angestellte der Merkurbank eG, bereitet die Abgabe ihrer Einkommensteuererklärung vor. Folgende Ausgaben hat sie für das vergangene Jahr zusammengetragen:

• Haftpflichtversicherungsbeiträge (Kfz-Haftpflicht, Privathaftpflicht)	450,00 EUR
• Arbeitnehmeranteil zur gesetzlichen Sozialversicherung	4.520,00 EUR
• Gewerkschaftsbeitrag ver.di	95,00 EUR
• Gezahlte, abzüglich erstatteter Kirchensteuer	210,00 EUR
• Fahrtkosten von der Wohnung zur Arbeitsstätte	750,00 EUR
• Jahresbeitrag Sportverein	120,00 EUR

Ermitteln Sie den Betrag, den Sarah Sorge im Rahmen ihrer Einkommensteuererklärung als Sonderausgaben geltend machen kann. Runden Sie Ihr Ergebnis auf zwei Stellen nach dem Komma.

Tragen Sie den Betrag in die Kästchen ein. ⇨ ☐.☐☐☐,☐☐ EUR

Situation zu den Aufgaben 71 und 72

Morton Horton, Angestellter der Merkurbank eG, 23 Jahre alt, ledig, keine Kinder, erhält ein sozialversicherungspflichtiges Bruttoentgelt von 5.155,00 EUR.

Gesetzliche Sozialversicherung	Allgemeine Beitragssätze 2026
Rentenversicherung	18,6 %
Arbeitslosenversicherung	2,6 %
Pflegeversicherung	3,6 %
+ Beitragszuschlag Pflegeversicherung (nur Arbeitnehmer)	+ 0,6 % Zusatzbeitrag (nur für kinderlose Versicherte, die das 23. Lebensjahr vollendet haben)
Krankenversicherung	14,6 %
Durchschnittlicher Zusatzbeitrag Krankenversicherung	2,9 %
Beitragsbemessungsgrenzen 2026	
• Kranken- und Pflegeversicherung	5.812,50 EUR mtl.
• Renten- und Arbeitslosenversicherung	8.450,00 EUR mtl.

Aufgabe 71

Ermitteln Sie die Höhe des Arbeitnehmerbeitrags zur Rentenversicherung, den Herr Horton leisten muss. Runden Sie Ihr Ergebnis auf zwei Stellen nach dem Komma.

Tragen Sie den Betrag in die Kästchen ein. ⇨ ☐☐☐ , ☐☐ EUR

Aufgabe 72

Stellen Sie fest, welche Information zu den Beitragsbemessungsgrenzen und den gesetzlichen Beitragssätzen richtig ist.

1. Durch die Änderung der Beitragsbemessungsgrenze wird die Belastung der Merkurbank eG mit Lohnnebenkosten nicht beeinflusst.
2. Die Belastung der Angestellten der Merkurbank eG steigt, wenn der Beitragssatz zur Krankenversicherung von 14,6 % auf 15,2 % erhöht und gleichzeitig der Beitragssatz zur Arbeitslosenversicherung von 2,6 % auf 2,0 % gesenkt wird.
3. Wenn das Gehalt eines Angestellten die Versicherungspflichtgrenze übersteigt, ist der Versicherte verpflichtet, in eine private Krankenkasse zu wechseln.
4. Bei der Erhöhung der Beitragsbemessungsgrenzen sinkt die Belastung der Merkurbank eG mit Lohnnebenkosten.
5. Die Belastung der Angestellten der Merkurbank eG bleibt unabhängig von der Höhe ihrer Einkommen konstant, wenn der Beitragssatz zur Rentenversicherung von 18,6 % auf 19,2 % erhöht und gleichzeitig der Beitragssatz zur Arbeitslosenversicherung von 2,6 % auf 2,0 % gesenkt wird.

Tragen Sie die Ziffer vor der zutreffenden Aussage in das Kästchen ein. ⇨ ☐

Situation zu den Aufgaben 73 bis 75

Bei der Merkurbank eG sind u. a. folgende Mitarbeiter beschäftigt:

- Noel Mukile, Kreditsachbearbeiter, 43 Jahre, ledig, Bruttogehalt 3.200,00 EUR
- Buramake Kantinde, Abteilungsleiterin, 36 Jahre, verheiratet, ein Kind, Bruttogehalt 5.975,00 EUR

Wichtige Grundlagen für die Berechnung der Sozialversicherungsbeiträge der Mitarbeiter können Sie aus der Tabelle mit den „Allgemeinen Beitragssätzen" von S. 45 entnehmen.

Aufgabe 73

Ermitteln Sie den Beitrag zur Arbeitslosenversicherung, den Herr Mukile zu zahlen hat.

Tragen Sie den Betrag in die Kästchen ein. ⇨ ☐☐,☐☐ EUR

Aufgabe 74

Ermitteln Sie den Beitrag zur Pflegeversicherung, den Frau Kantinde zu tragen hat.

Tragen Sie den Betrag in die Kästchen ein. ⇨ ☐☐,☐☐ EUR

Aufgabe 75

Stellen Sie fest, welche der folgenden Aussagen zur Berechnung der Sozialversicherungsbeiträge zutreffend sind.

1. Die Belastung der Merkurbank eG mit Lohnnebenkosten steigt, wenn die Beitragsbemessungsgrenzen erhöht werden.
2. Bei Überschreiten der Beitragsbemessungsgrenzen ist Frau Kantinde von der Versicherungspflicht in der Renten- und Arbeitslosenversicherung befreit.
3. Die Belastung von Herrn Mukile mit Sozialversicherungsbeiträgen steigt, wenn die Beitragsbemessungsgrenzen jeweils um 100,00 EUR erhöht werden.
4. Die Belastung von Frau Kantinde mit Sozialversicherungsbeiträgen bleibt bei konstanten Versicherungsbeitragssätzen gleich, wenn die Beitragsbemessungsgrenzen steigen.

5. Wenn Herr Mukile mit seinem Gehalt die Beitragsbemessungsgrenzen in der Kranken- und Pflegeversicherung überschreitet, kann er sich für diese beiden Versicherungen von der gesetzlichen Versicherungspflicht befreien lassen.
6. Die finanzielle Belastung von Herrn Mukile durch die Senkung des Beitragssatzes zur Arbeitslosenversicherung um 0,2 Prozentpunkte bleibt unverändert, wenn gleichzeitig der Beitragssatz zur Rentenversicherung um 0,2 Prozentpunkte angehoben wird.

Tragen Sie die Ziffern vor den zutreffenden Aussagen in die Kästchen ein. ⇨ ☐ ☐

Aufgabe 76

Ein steuerpflichtiger Arbeitnehmer konnte im Veranlagungszeitraum 20.. die nachstehenden Ausgaben nachweisen.

Stellen Sie fest, welche der nebenstehenden Ausgabegruppen den nachstehenden Ausgaben zuzuordnen sind. Tragen Sie die Ziffer vor der jeweils zutreffenden Ausgabegruppe in die Kästchen ein.

Ausgabengruppe

1. Werbungskosten
2. Sonderausgaben
3. Außergewöhnliche Belastungen

Ausgaben

a) Kontoführungsentgelt bei der Merkurbank eG. ⇨ ☐

b) Beiträge zur gesetzlichen Sozialversicherung. ⇨ ☐

c) Spenden an eine gemeinnützige Organisation. ⇨ ☐

d) Ausgaben aufgrund einer Körperbehinderung. ⇨ ☐

e) Fahrtkosten mit öffentlichen Verkehrsmitteln für den 30 km weiten Weg zur Arbeitsstätte. ⇨ ☐

Aufgabe 77

Angenommen, die Bundesregierung erhöht zu Jahresbeginn den Arbeitnehmer-Pauschbetrag.

Stellen Sie fest, welche Aussage zu dieser Änderung zutreffend ist.

1. Eine Erhöhung des Arbeitnehmer-Pauschbetrags hat in keinem Fall Einfluss auf die Höhe des zu versteuernden Einkommens.
2. Liegen die anzusetzenden Werbungskosten unterhalb des Arbeitnehmer-Pauschbetrags, brauchen die Werbungskosten vom Steuerpflichtigen nicht nachgewiesen zu werden.
3. Eine Erhöhung des Arbeitnehmer-Pauschbetrags führt stets zu einer Verringerung des zu versteuernden Einkommens.
4. Wird der Arbeitnehmer-Pauschbetrag erhöht, sind Werbungskosten in keinem Fall nachzuweisen.
5. Eine Erhöhung des Arbeitnehmer-Pauschbetrags führt automatisch zu steigenden Einnahmen bei der Einkommensteuer.

Tragen Sie die Ziffer vor der zutreffenden Aussage in das Kästchen ein. ⇨ ☐

Aufgabe 78

Sie möchten heiraten. Sie und Ihr/-e Partner/-in arbeiten in festen Arbeitsverhältnissen, Ihre Einkommen werden in Steuerklasse I versteuert und unterscheiden sich der Höhe nach kaum.

Stellen Sie fest, welche der folgenden Aussagen zur Wahl der Steuerklasse hinsichtlich der Heirat zutreffend ist.

Ihr/-e Partner/-in und Sie sollten ...

1. ... weiterhin getrennt die Steuerklasse I beibehalten. Die Lohnsteuerabzüge ändern sich nicht.
2. ... die Steuerklassen III und V wählen. Somit können Sie Ihre Lohnsteuerabzüge künftig senken.
3. ... beide die Steuerklasse IV wählen. Sie haben weiterhin Lohnsteuerabzüge in gleicher Höhe wie bisher zu leisten.
4. ... die Steuerklassen III und V wählen. Die Lohnsteuerabzüge bleiben jedoch gleich.
5. ... beide die Steuerklasse IV wählen. Somit können Sie Ihre Lohnsteuerabzüge künftig senken.

Tragen Sie die Ziffer vor der zutreffenden Aussage in das Kästchen ein. ⇨ ☐

Situation zu den Aufgaben 79 und 80

Mona Bonita, 43 Jahre, ledig, keine Kinder, ist Leiterin der Abteilung „Internes Rechnungswesen" der Merkurbank eG in Köln. Ihr sozialversicherungspflichtiges Entgelt beträgt 5.840,00 EUR.

Wichtige Grundlagen für die Berechnung der Sozialversicherungsbeiträge der Mitarbeiter können Sie aus der Tabelle mit den „Allgemeinen Beitragssätzen" von S. 45 entnehmen.

Aufgabe 79

Berechnen Sie mithilfe der Angaben in der Tabelle den monatlichen Beitrag zur Pflegeversicherung in EUR.

Tragen Sie den Beitrag in die Kästchen ein. ⇨ ☐☐☐,☐☐ EUR

Aufgabe 80

Berechnen Sie mithilfe der Angaben der Tabelle den monatlichen Beitrag zur Arbeitslosenversicherung in EUR.

Tragen Sie den Beitrag in die Kästchen ein. ⇨ ☐☐,☐☐ EUR

Aufgabe 81

In welchen der nachstehenden Fälle ist

1. der Rentenversicherungsträger,

2. der Krankenversicherungsträger,

3. weder der Renten- noch der Krankenversicherungsträger

zur Leistung verpflichtet?

Tragen Sie die Ziffer vor der jeweils zutreffenden Antwort in die Kästchen ein.

Fälle

a) Ein Mitarbeiter erleidet am Arbeitsplatz einen Schwächeanfall und muss vier Wochen im Krankenhaus behandelt werden.	⇨ ☐
b) Ein Auszubildender der Merkurbank eG verletzt sich bei einem Unfall auf dem Weg zur Arbeitsstelle.	⇨ ☐
c) Eine Angestellte der Merkurbank eG wird durch Krankheit erwerbsunfähig.	⇨ ☐
d) Einem Kassierer der Merkurbank eG wird wegen Unterschlagung gekündigt.	⇨ ☐

Aufgabe 82

Die soziale Sicherung der Bürger unseres Staates wird durch verschiedene Sozialversicherungsträger gewährleistet.

Stellen Sie fest, welcher der folgenden Sozialversicherungsträger die unten stehenden Leistungen übernimmt.

Tragen Sie die Ziffer vor dem jeweils zutreffenden Sozialversicherungsträger in die Kästchen ein.

Sozialversicherungsträger

1. Bundesagentur für Arbeit

2. Krankenkasse

3. Pflegekasse

4. Deutsche Rentenversicherung Bund

5. Berufsgenossenschaft

Leistungen

a) Zahlung einer Waisenrente	⇨ ☐
b) Berufsberatung für Schulabgänger und Arbeitslose	⇨ ☐
c) Kostenerstattung für einen Unfall beim Betriebssporttraining	⇨ ☐
d) Kostenerstattung für die häusliche Pflege einer pflegebedürftigen Person durch einen Familienangehörigen	⇨ ☐
e) Kostenerstattung für Untersuchungen zur Früherkennung von Krankheiten	⇨ ☐

7 Betriebsrat und Jugendauszubildendenvertretung

Situation zu den Aufgaben 83 und 84

In der Merkurbank eG wird die neue Jugend- und Auszubildendenvertretung für die nächsten zwei Jahre gewählt. Zum Wahltag ergibt sich folgende Beschäftigungssituation:

Alter	unter 18 Jahre	18 bis unter 25 Jahre	25 Jahre und älter
Auszubildende (Anzahl)	8	32	2
Arbeitnehmer (Anzahl)	1	12	470

Aufgabe 83

Ermitteln Sie die Anzahl der bei der Merkurbank eG beschäftigten Personen, die bei der Wahl der Jugend- und Auszubildendenvertretung das aktive Wahlrecht besitzen.

Tragen Sie die Personenanzahl in die Kästchen ein. ⇨ ☐☐ Personen

Aufgabe 84

Stellen Sie fest, welche der folgenden Aussagen zu der Teilnahme und Stimmberechtigung der neu gewählten JAV-Mitglieder bei Betriebsratssitzungen zutreffend ist.

Bei Betriebsratssitzungen ...

1. ... sind stets alle Mitglieder der JAV teilnahme- und stimmberechtigt.
2. ... ist stets nur ein Mitglied der JAV teilnahme- und stimmberechtigt.
3. ... sind stets alle Mitglieder der JAV teilnahme-, jedoch nicht stimmberechtigt.
4. ... ist stets nur ein Mitglied der JAV teilnahme-, jedoch nicht stimmberechtigt.
5. ... sind Anzahl und Stimmberechtigung der befugten JAV-Teilnehmer von den zu beschließenden Angelegenheiten abhängig.

Tragen Sie die Ziffer vor der zutreffenden Aussage in das Kästchen ein. ⇨ ☐

Aufgabe 85

Nach dem Betriebsverfassungsgesetz stehen dem Betriebsrat das uneingeschränkte Zustimmungsrecht, das Recht auf Zustimmungsverweigerung, das Anhörungsrecht sowie Informations- und Beratungsrechte zu. Die Merkurbank eG plant die unten stehenden Maßnahmen.

Stellen Sie fest, bei welchen dieser Maßnahmen eine Zustimmung des Betriebsrates eingeholt werden muss.

1. Der Vorstand will für die Mitarbeiter flexible Arbeitszeiten einführen.
2. Alle Geldausgabeautomaten sollen durch neue Geräte ersetzt werden, die nicht mehr gesprengt werden können.
3. Der Vorstand will in den nächsten zehn Jahren den Mitarbeiterbestand um 15 % senken.
4. Die Merkurbank eG plant den Umbau aller Filialen unter ökologischen Gesichtspunkten.
5. Die Merkurbank eG beabsichtigt für das Geschäftsjahr 2023 eine Dividende von 5,25 % an ihre Mitglieder auszuschütten.
6. Der Vorstand möchte wieder Zinsen für Passivprodukte einführen.

Tragen Sie die Ziffern vor den zutreffenden Aussagen in die Kästchen ein. ⇨ ☐☐

Aufgabe 86

Bei der Merkurbank eG wurden im Mai 2026 Betriebsratswahlen durchgeführt.

Stellen Sie fest, welche der nachstehenden Personen unter Beachtung des unten stehenden **Auszugs aus dem Betriebsverfassungsgesetz (BetrVG)**

1. nur ein aktives Wahlrecht,
2. nur ein passives Wahlrecht,
3. sowohl aktives als auch passives Wahlrecht,
4. kein Wahlrecht

hatten.

Tragen Sie die Ziffer vor der jeweils zutreffenden Antwort in die Kästchen ein.

Personen

a) Angestellter, 48 Jahre alt, 16 Jahre Betriebszugehörigkeit	⇨ ☐
b) Auszubildende, 17 Jahre alt, seit 10 Monaten in der Ausbildung	⇨ ☐
c) Leitende Angestellte, 33 Jahre alt, 5 Jahre Betriebszugehörigkeit	⇨ ☐
d) Leiharbeitnehmer, 24 Jahre alt, seit dem 01. 10. 2024 im Betrieb	⇨ ☐

§ 5 Arbeitnehmer

(1) Arbeitnehmer (Arbeitnehmerinnen und Arbeitnehmer) im Sinne dieses Gesetzes sind Arbeiter und Angestellte einschließlich der zu ihrer Berufsausbildung Beschäftigten, [...].

(3) Dieses Gesetz findet, soweit in ihm nicht ausdrücklich etwas anderes bestimmt ist, keine Anwendung auf leitende Angestellte. [...]

§ 7 Wahlberechtigung

Wahlberechtigt sind alle Arbeitnehmer des Betriebs, die das 16. Lebensjahr vollendet haben. Werden Arbeitnehmer eines anderen Arbeitgebers zur Arbeitsleistung überlassen, so sind diese wahlberechtigt, wenn sie länger als drei Monate im Betrieb eingesetzt werden.

§ 8 Wählbarkeit

(1) Wählbar sind alle Wahlberechtigten, die das 18. Lebensjahr vollendet haben und sechs Monate dem Betrieb angehören oder als in Heimarbeit Beschäftigte in der Hauptsache für den Betrieb gearbeitet haben. [...]

Situation zu den Aufgaben 87 und 88

Am 12. Juni 2026 finden in der Merkurbank eG außerordentliche Betriebsratswahlen statt. Zurzeit hat die Merkurbank eG folgende Beschäftigtenstruktur:

• Mitarbeiter insgesamt (ohne Auszubildende)	8.830
• Mitarbeiter, die zum 1. Juli 2026 eingestellt werden; die Arbeitsverträge sind bereits unterzeichnet	25
• Auszubildende insgesamt	595
• davon Auszubildende unter 16 Jahren	40

§ 5 Arbeitnehmer

(1) Arbeitnehmer (Arbeitnehmerinnen und Arbeitnehmer) im Sinne dieses Gesetzes sind Arbeiter und Angestellte einschließlich der zu ihrer Berufsausbildung Beschäftigten, unabhängig davon, ob sie im Betrieb, im Außendienst oder mit Telearbeit beschäftigt werden. Als Arbeitnehmer gelten auch die in Heimarbeit Beschäftigten, die in der Hauptsache für den Betrieb arbeiten. [...].

§ 7 Wahlberechtigung

Wahlberechtigt sind alle Arbeitnehmer des Betriebs, die das 16. Lebensjahr vollendet haben. Werden Arbeitnehmer eines anderen Arbeitgebers zur Arbeitsleistung überlassen, so sind diese wahlberechtigt, wenn sie länger als drei Monate im Betrieb eingesetzt werden.

§ 9 Zahl der Betriebsratsmitglieder

Der Betriebsrat besteht in Betrieben mit in der Regel

5 bis 20 wahlberechtigten Arbeitnehmern aus einer Person,

21 bis 50 wahlberechtigten Arbeitnehmern aus 3 Mitgliedern,

⋮

6.001 bis 7.000 Arbeitnehmern aus 33 Mitgliedern,

7.001 bis 9.000 Arbeitnehmern aus 35 Mitgliedern.

In Betrieben mit mehr als 9.000 Arbeitnehmern erhöht sich die Zahl der Mitglieder des Betriebsrats für je angefangene weitere 3.000 Arbeitnehmer um 2 Mitglieder.

Aufgabe 87

Ermitteln Sie mithilfe des vorstehenden **Auszugs aus dem Betriebsverfassungsgesetz** die Anzahl der zurzeit wahlberechtigten Mitarbeiter.

Tragen Sie die Anzahl in die Kästchen ein. ⇨ ☐.☐☐☐ Mitarbeiter

Aufgabe 88

Ermitteln Sie mithilfe des vorstehenden **Auszugs aus dem Betriebsverfassungsgesetz** die Anzahl der zu wählenden Betriebsratsmitglieder.

Tragen Sie die Anzahl in die Kästchen ein. ⇨ ☐☐ Betriebsratsmitglieder

Aufgabe 89

Der Betriebsrat der Merkurbank eG wurde bei den nachstehenden Maßnahmen in den Entscheidungsprozess eingebunden.

Stellen Sie fest, welche der folgenden Maßnahmen die Merkurbank eG ohne Zustimmung des Betriebsrats umsetzen kann.

Die Merkurbank eG will ...

1. ... Beginn und Ende der täglichen Arbeitszeiten und die Pausenregelung so ändern, dass längere Öffnungszeiten realisiert werden können.

2. ... zur Verbesserung der Arbeitsgeschwindigkeit der verwendeten Betriebssysteme zusätzliche Server anschaffen.

3. ... ein leistungs- und erfolgsabhängiges Vergütungssystem einführen.

4. ... für die Monate Dezember und Januar eine Urlaubssperre einführen.

5. ... zwecks genauer Erfassung der Arbeitszeiten erstmals ein neues Zeiterfassungssystem mit Handychips einführen.

Tragen Sie die Ziffer vor der zutreffenden Aussage in das Kästchen ein. ⇨ ☐

Aufgabe 90

Um die Arbeitszeit der Mitarbeiter flexibler zu gestalten, einigen sich der Vorstand der Merkurbank eG und der Betriebsrat schriftlich darauf, in Zukunft Arbeitszeitkonten einzuführen.

Stellen Sie fest, wie diese Einigung zwischen Betriebsrat und Arbeitgeber zutreffend bezeichnet wird.

1. Betriebsvereinbarung
2. Entgelttarifvertrag
3. Flächentarifvertrag
4. Haustarifvertrag
5. Sozialplan

Tragen Sie die Ziffer vor der zutreffenden Aussage in das Kästchen ein.	⇨ ☐

8 Tarifrecht

Aufgabe 91

Die Gewerkschaft ver.di hat den Gehaltstarifvertrag für das Bankgewerbe form- und fristgerecht gekündigt. Bringen Sie die folgenden Schritte a) bis f) einer Tarifauseinandersetzung durch Eintragen der Ziffern **1.** bis **6.** in die richtige Reihenfolge.

a) Die Gewerkschaft ver.di führt eine Urabstimmung zum Streik durch.	⇨ ☐
b) Die Bankarbeitgeber gehen auf die Forderungen der Gewerkschaft ver.di ein.	⇨ ☐
c) Die Tarifverhandlungen verlaufen ergebnislos, da die Bankarbeitgeber kein Angebot unterbreiten.	⇨ ☐
d) Die Beschäftigten beginnen zu streiken, nachdem die Gewerkschaft ver.di dazu aufgefordert hat.	⇨ ☐
e) Die Gewerkschaft ver.di führt eine Urabstimmung zur Beendigung des Streiks durch.	⇨ ☐
f) Die Gewerkschaft ver.di erklärt das Scheitern der Verhandlungen.	⇨ ☐

Aufgabe 92

Der Tarifvertrag für das private Bankgewerbe wurde fristgemäß gekündigt. Die Tarifverhandlungen führten zu keinem Ergebnis. Die Gewerkschaft ver.di erklärt die Tarifverhandlungen für gescheitert und will zum Streik aufrufen.

Bringen Sie die nachstehenden Ereignisse a) bis e) während der Tarifauseinandersetzung durch Eintragen der Ziffern **1.** bis **5.** in die richtige Reihenfolge.

a) Die Arbeitnehmer einiger Kreditinstitute in Norddeutschland werden zum Streik aufgerufen.	⇨ ☐
b) Der Schlichtungsvorschlag wird durch eine Urabstimmung angenommen.	⇨ ☐
c) Ein neuer Tarifvertrag wird abgeschlossen.	⇨ ☐
d) Der eingesetzte Schlichter legt ein neues Angebot vor.	⇨ ☐
e) Bei einer Urabstimmung sprechen sich 75 % der Abstimmungsberechtigten für einen Streik aus.	⇨ ☐

Aufgabe 93

Die Merkurbank eG ist dem Tarifvertrag des privaten Bankgewerbes angeschlossen. Kürzlich konnte ein neuer Tarifvertrag abgeschlossen werden.

Stellen Sie fest, welche der folgenden Aussagen zur Allgemeinverbindlichkeitserklärung eines Tarifvertrags zutreffend ist.

1. Gelten für einen Bankbetrieb zwei Tarifverträge, so kann der Bundesminister für Arbeit und Soziales einen der beiden Tarifverträge für allgemeinverbindlich erklären.
2. Durch eine Allgemeinverbindlichkeitserklärung kann der Anwendungsbereich eines Tarifvertrags auch auf nicht tarifgebundene Arbeitnehmer und Arbeitgeber erweitert werden.
3. Durch die Allgemeinverbindlichkeitserklärung werden während der Laufzeit von Tarifverträgen Arbeitskämpfe ausgeschlossen.
4. Durch die Allgemeinverbindlichkeitserklärung werden sämtliche Betriebsvereinbarungen, die zwischen Arbeitgeber und Betriebsrat abgeschlossen wurden, außer Kraft gesetzt.
5. Die Allgemeinverbindlichkeitserklärung ist rechtswirksam, wenn die Arbeitnehmer- und Arbeitgebervertreter den neuen Tarifvertrag auf das gesamte Bankgewerbe übertragen.

Tragen Sie die Ziffer vor der zutreffenden Aussage in das Kästchen ein. ⇨ ☐

Situation zu den Aufgaben 94 und 95

Beta Carotin, 31 Jahre, arbeitet seit sieben Jahren bei der Merkurbank eG im Bereich Telefonmarketing. Da diese Abteilung in eine neu gegründete Tochtergesellschaft ausgelagert wird, erhält er am 07.07.2026 die ordentliche Kündigung der Merkurbank eG.

Für die Kündigung gelten die nachfolgenden Bestimmungen des **Manteltarifvertrags im Bankgewerbe (Auszug)**.

§ 17 Kündigung und Entlassung

(1) Die Arbeitsverhältnisse der Angestellten und gewerblichen Arbeitnehmer, mit Ausnahme der zur Aushilfe oder auf Probe angestellten, können beiderseits unter Einhaltung einer Kündigungsfrist von 6 Wochen zum Schluss eines Kalendervierteljahres gekündigt werden. Längere Kündigungsfristen können beiderseits einzelvertraglich vereinbart werden. Eine kürzere Kündigungsfrist kann für sie einzelvertraglich nur vereinbart werden, wenn sie einen Monat nicht unterschreitet und die Kündigung nur für den Schluss eines Kalendermonats zugelassen wird. Für Probe- und Aushilfsarbeitsverhältnisse gelten die gesetzlichen Bestimmungen.

Der Arbeitgeber darf einem Arbeitnehmer, den er oder im Falle einer Rechtsnachfolge er und sein Rechtsvorgänger mindestens 5 Jahre beschäftigt haben, nur mit einer dreimonatigen Frist für den Schluss eines Kalendervierteljahres kündigen. Die Kündigungsfrist erhöht sich nach einer Beschäftigungsdauer von 8 Jahren auf 4 Monate, nach einer Beschäftigungsdauer von 10 Jahren auf 5 Monate und nach einer Beschäftigungsdauer von 12 Jahren auf 6 Monate.

(2) [...]

Aufgabe 94

Ermitteln Sie das Datum, an dem das Arbeitsverhältnis von Herrn Carotin bei der Merkurbank eG endet.

Tragen Sie das Datum (TT.MM.JJJJ) in die Kästchen ein. ⇨ ☐☐.☐☐.☐☐☐☐

Aufgabe 95

Herr Carotin ist entsetzt über die Kündigung. Er hält diese für sozial ungerechtfertigt, da er davon ausgegangen ist, in dem neu gegründeten Tochterunternehmen weiterarbeiten zu können. Er wendet sich mit seinem Anliegen an den Betriebsrat.

Stellen Sie fest, welche der folgenden Aussagen zu den Kündigungsmodalitäten zutreffend sind.

Der Betriebsrat ...

1. ... muss in Kündigungsfragen angehört werden. Sofern er die Kündigung für ungerechtfertigt hält, darf der Arbeitgeber nicht kündigen.

2. ... kann der Kündigung widersprechen mit dem Ziel, eine Verständigung mit dem Arbeitgeber über eine Weiterbeschäftigung herbeizuführen.

3. ... kann in Kündigungsfragen angehört werden. Er hat ein Beratungsrecht, die Kündigung wird auch ohne seine Zustimmung wirksam.

4. ... muss in Kündigungsfragen nicht angehört werden. Die ausgesprochene Kündigung wird auch ohne Anhörung des Betriebsrats wirksam.

5. ... muss in Kündigungsfragen angehört werden. Sofern er die Kündigung für ungerechtfertigt hält, muss er das Verfahren der Kündigungsschutzklage beim Arbeitsgericht innerhalb von drei Wochen einleiten.

6. ... muss vor der Kündigung angehört werden. Ist mit dessen Hilfe keine Verständigung zu erzielen, so kann der Arbeitnehmer innerhalb von drei Wochen nach Zugang der schriftlichen Kündigung das Verfahren der Kündigungsschutzklage beim Arbeitsgericht einleiten.

Tragen Sie die Ziffern vor den zutreffenden Aussagen in die Kästchen ein. ⇨ ☐ ☐

Aufgabe 96

Der Gehaltstarifvertrag für das private Bankgewerbe ist ausgelaufen. Er wurde von der Gewerkschaft fristgerecht gekündigt. Die Gewerkschaft erwartet Tarifauseinandersetzungen.

Bringen Sie die folgenden Schritte a) bis f) einer solchen Tarifauseinandersetzung durch Eintragen der Ziffern **1.** bis **6.** in die richtige Reihenfolge.

a) Die Gewerkschaft erklärt das Scheitern der Tarifverhandlungen. ⇨ ☐

b) Die Beschäftigten streiken, nachdem die Gewerkschaft dazu aufgefordert hat. ⇨ ☐

c) Die Tarifverhandlungen verlaufen ergebnislos, da die Arbeitgebervertreter kein Angebot unterbreiten. ⇨ ☐

d) Die Gewerkschaft führt eine Urabstimmung zur Beendigung des Streiks durch. ⇨ ☐

e) Die Arbeitgebervertreter lenken ein und legen ein akzeptables Angebot vor. ⇨ ☐

f) Die Gewerkschaft führt eine Urabstimmung zum Streik erfolgreich durch. ⇨ ☐

Aufgabe 97

Der folgende Textauszug stammt aus der **Betriebsvereinbarung der Merkurbank eG.**

Arbeitgeberzuschuss zum Vermögensaufbau

„[...] Jede Mitarbeiterin und jeder Mitarbeiter erhält vom Arbeitgeber einen Zuschuss zum Vermögensaufbau. Wenn der Arbeitnehmer bereit ist, regelmäßig 0,8 % vom Bruttogehalt zu sparen, zahlt der Arbeitgeber 1,0 % dazu. [...]"

Grappo Moretti arbeitet seit Abschluss seiner Ausbildung im Jahr 20.. bei der Merkurbank eG. Er hat bei der Merkurbank eG für seinen Vermögensaufbau eine Aktienfondsanlage über 150,00 EUR monatlich abgeschlossen und erwartet von seinem Arbeitgeber den entsprechenden Zuschuss.

Stellen Sie fest, welche der folgenden Aussagen in diesem Zusammenhang zutreffend ist.

Die Betriebsvereinbarung ist ein Vertrag zwischen ...

1. ... Arbeitgeber und Arbeitnehmern. Es handelt sich um freiwillige Leistungen des Arbeitgebers, die individuell gewährt werden. Herr Moretti hat kein Recht auf Leistung.
2. ... Arbeitgeber und Betriebsrat, der verbindliche Normen für alle Betriebsratsmitglieder eines Betriebs formuliert. Herr Moretti hat nur einen Anspruch, wenn er Mitglied des Betriebsrats ist.
3. ... den Tarifparteien und wird geschlossen, wenn keine Einigung auf einen Tarifvertrag möglich ist. Herr Moretti kann auf der Leistung bestehen.
4. ... Arbeitgeber und Betriebsrat, der verbindliche Normen für alle Arbeitnehmer eines Betriebs formuliert. Herr Moretti kann auf der Leistung bestehen.
5. ... Arbeitgeber und dem einzelnen Arbeitnehmer. Herr Moretti muss deshalb die Zuwendungen aus der Betriebsvereinbarung in seinem Arbeitsvertrag verhandeln.

Tragen Sie die Ziffer vor der zutreffenden Aussage in das Kästchen ein. ⇨ ☐

Aufgabe 98

Die Lohngestaltung, insbesondere für Bereiche mit einfachen Tätigkeiten, wird kontrovers diskutiert. Hier können Vereinbarungen der Tarifpartner oder weitere gesetzliche Regelungen, wie z. B. der Mindestlohn, eine entscheidende Rolle spielen.

Stellen Sie fest, welche der folgenden Aussagen zur Lohngestaltung zutreffend sind.

1. In Deutschland werden die Löhne von den Tarifvertragsparteien ausgehandelt. Besteht Tarifbindung, markieren die Tariflöhne Lohnobergrenzen.
2. Erklären die Tarifvertragsparteien die Tarifverträge für allgemeinverbindlich, schafft man für alle betroffenen Arbeitnehmer und Arbeitgeber einheitliche Löhne.
3. Sind die Einkommen von Arbeitnehmern aus ihrer Erwerbstätigkeit zu niedrig, werden sie seitens der Arbeitgeber über die Beantragung staatlicher Beihilfen aufgestockt.
4. Durch Festlegung von Mindestlöhnen werden Lohnuntergrenzen geschaffen, die für die Arbeitnehmer ein höheres Einkommen aus ihrer Erwerbstätigkeit sichern sollen.
5. Die Befürworter von Mindestlöhnen erwarten, dass durch die Festsetzung der Mindestlöhne der Wettbewerb zwischen den Unternehmen nicht zu Lohndumping führt.
6. Mit der Einführung von Mindestlöhnen sind positive Beschäftigungseffekte verbunden, sodass die Arbeitslosigkeit in Deutschland sinken wird.

Tragen Sie die Ziffern vor den zutreffenden Aussagen in die Kästchen ein. ⇨ ☐ ☐

Aufgabe 99

Sie wirken bei einer Informationsveranstaltung zum Thema Tarifvertragsrecht mit, die sich an die jugendlichen Beschäftigten und die Auszubildenden richtet. In diesem Zusammenhang sollen Sie kontrollieren, ob der in Einzelschritten beispielhaft aufgezeigte zeitliche Ablauf beim Zustandekommen eines neuen Lohn- und Gehaltstarifvertrages richtig dargestellt ist.

Stellen Sie fest, welcher der folgenden Schritte falsch eingeordnet ist.

1. Schritt: Es erfolgt eine fristgemäße Kündigung des Tarifvertrages.

2. Schritt: Die Tarifpartner nehmen die Verhandlungen auf.

3. Schritt: Die zuständige Gewerkschaft erklärt das Scheitern der Tarifverhandlungen.

4. Schritt: Von Arbeitgeberseite erfolgen Aussperrungen der Beschäftigten.

5. Schritt: Die zuständige Gewerkschaft führt eine Urabstimmung durch.

6. Schritt: Mehr als 75 % der abstimmungsberechtigten Gewerkschaftsmitglieder stimmen für einen Streik; dieser wird beschlossen und durchgeführt.

7. Schritt: Es finden neue Tarifverhandlungen statt, die zu einer Einigung führen.

8. Schritt: Die Gewerkschaftsmitglieder stimmen in einer Urabstimmung über den Einigungsvorschlag ab.

Tragen Sie die Ziffer des falsch eingeordneten Schrittes in das Kästchen ein. ⇨ ☐

---

9 Wirtschaftsordnung, Markt- und Preispolitik

Aufgabe 100

Stellen Sie fest, in welchem der folgenden Fälle die Digital Office GmbH nach dem Maximalprinzip handelt.

1. Bei der Beschaffung von Rohstoffen wird durch Angebotsvergleiche der preisgünstigste Anbieter ermittelt.
2. Der Versandhandel soll so umorganisiert werden, dass die Kundschaft die Produkte möglichst schnell erhält.
3. Aufgrund der stabilen Marktlage soll der Werbeaufwand für Elektromobile gesenkt werden, ohne dass der bisherige Marktanteil sich dadurch reduziert.
4. Durch stärkere Werbung für Elektroroller sollen die Verkaufszahlen stabilisiert werden.
5. Für den neu entwickelten Elektroroller „senior" soll mit möglichst geringem Werbeaufwand ein Marktanteil von 15 % erreicht werden.

Tragen Sie die Ziffer vor der zutreffenden Aussage in das Kästchen ein. ⇨ ☐

Situation zu den Aufgaben 101 bis 103

An der Warenbörse Chicago wird Kakao gehandelt. An einem bestimmten Tag liegen folgende Kauf- und Verkaufsaufträge in USD vor:

Preis je Tonne in USD	Kaufaufträge in Tonnen	Verkaufsaufträge in Tonnen
billigst	690	—
1.675,00	100	110
1.680,00	90	120
1.690,00	80	130
bestens	—	410

Aufgabe 101

Ermitteln Sie den Gleichgewichtspreis in USD je Tonne. Hierzu wird die Tabelle aus der Situation um die Spalten kumulierte Kaufaufträge, kumulierte Verkaufsaufträge und Umsatz erweitert.

Tragen Sie die Werte in die zugefügten Spalten ein. Anschließend kann man in der Umsatzspalte das bestmögliche Ergebnis ablesen.

Preis je Tonne in USD	Kaufaufträge in Tonnen	kumulierte Kaufaufträge	Verkaufsaufträge in Tonnen	kumulierte Verkaufsaufträge	Umsatz
billigst	690		—		
1.675,00	100		110		
1.680,00	90		120		
1.690,00	80		130		
bestens	—		410		

Tragen Sie den Gleichgewichtspreis in die Kästchen ein. ⇨ □.□□□,□□ USD

Aufgabe 102

Ein brasilianischer Anbieter hatte seinen Verkaufsauftrag von 40 Tonnen Kakao mit 1.675,00 USD je Tonne limitiert.

Ermitteln Sie den Verkaufserlös, mit dem er mindestens gerechnet hatte.

Tragen Sie den Verkaufserlös in die Kästchen ein. ⇨ ☐☐.☐☐☐,☐☐ USD

Aufgabe 103

Ermitteln Sie seine Zusatzeinnahme, wenn er die 40 Tonnen Kakao zum Gleichgewichtspreis verkaufen kann.

Tragen Sie den Mehrerlös in die Kästchen ein. ⇨ ☐☐☐,☐☐ USD

Aufgabe 104

Das Angebots- und Nachfrageverhalten unterliegt verschiedenen Bestimmungsgrößen.

Stellen Sie fest, welche der folgenden Sachverhalte in der Regel zu einer Nachfragesteigerung nach einem gängigen Konsumgut führen. Unterstellen Sie ein typisches Nachfrageverhalten und dass alle anderen Bestimmungsgrößen unverändert bleiben.

1. Die Unternehmen erwarten für das Gut steigende Gewinne.
2. Der Preis für das Substitutionsgut sinkt.
3. Der Preis eines Komplementärguts steigt.
4. Durch steuerliche Entlastung steigt die Höhe des verfügbaren Einkommens.
5. Der Bedarf verschiebt sich zugunsten dieses Konsumguts.
6. Die Preise der zur Produktion dieses Gutes benötigten Rohstoffe sinken.

Tragen Sie die Ziffern vor den zutreffenden Aussagen in die Kästchen ein. ⇨ ☐☐

Aufgabe 105

Stellen Sie fest, welche der folgenden Aussagen zur Preisgestaltung eines Monopolisten richtig ist.

1. Erhöht der Monopolist den Preis für ein nicht lebensnotwendiges Gut deutlich, bleibt die Nachfrage nach dem Gut unverändert.
2. Ein niedriger Preis für die vom Monopolisten angebotenen Güter führt zum Auftreten von Konkurrenten.
3. Der Monopolist kann seine Preisvorstellungen bei elastischem Nachfrageverhalten leichter durchsetzen.
4. Der Monopolist muss Preise verlangen, die seine gesamten Entwicklungskosten kurzfristig decken.
5. Der Monopolist setzt seinen Preis so fest, dass er seinen Gewinn unabhängig von der Umsatzentwicklung maximiert.

Tragen Sie die Ziffer vor der zutreffenden Aussage in das Kästchen ein. ⇨ ☐

Aufgabe 106

Der Markt für Smartphones ist ein „Käufermarkt".

Stellen Sie fest, welche der folgenden Aussagen den Käufermarkt richtig beschreibt.

1. Am Käufermarkt ist das Angebot größer als die Nachfrage.
2. Am Käufermarkt gleichen sich Angebot und Nachfrage aus.
3. Am Käufermarkt ist das Angebot kleiner als die Nachfrage.
4. Am Käufermarkt steigen die Preise besonders stark an.
5. Am Käufermarkt ist der Anbieter in der wirtschaftlich stärkeren Position.

Tragen Sie die Ziffer vor der zutreffenden Aussage in das Kästchen ein. ⇨ ☐

Aufgabe 107

Real existierende Märkte wie der Markt für Elektromobile sind in den meisten Fällen unvollkommen.

Stellen Sie fest, welche Aussage kennzeichnend für diese Märkte ist.

1. Für Anbieter und Nachfrager besteht vollständige Marktübersicht.
2. Ein Anbieter kann seinen Kunden keine Mengenrabatte gewähren.
3. Ein Anbieter kann für seine Produkte regional unterschiedliche Preise verlangen.
4. Die angebotenen Güter sind homogene Güter.
5. Die Marktteilnehmer handeln bei ihren Kauf- bzw. Verkaufsentscheidungen völlig rational.

Tragen Sie die Ziffer vor der zutreffenden Aussage in das Kästchen ein. ⇨ ☐

Aufgabe 108

Stellen Sie fest, welche der folgenden Aussagen einen unvollkommenen Markt richtig kennzeichnet.

1. Die auf dem Markt gehandelten Güter sind gleichartig hinsichtlich Qualität, Farbe, Abmessung und Geschmack.
2. Bei den Käufern gibt es keine persönlichen Präferenzen für bestimmte Verkäufer.

3. Die Marktteilnehmer benötigen für die Anpassung ihrer Entscheidungen an veränderte Marktsituationen unterschiedlich viel Zeit.
4. Anbieter und Nachfrager haben vollständige Marktübersicht.
5. Angebot und Nachfrage treffen am gleichen Ort aufeinander.

Tragen Sie die Ziffer vor der zutreffenden Aussage in das Kästchen ein. ⇨ ☐

Aufgabe 109

Auf einem beispielhaften Markt mit vollkommener Konkurrenz herrscht die nachfolgende Marktsituation:

Stellen Sie fest, welche Aussage die dargestellte Marktsituation zutreffend beschreibt.

1. Zu dem Preis p_1 besteht ein Nachfrageüberhang.
2. Eine Linksverschiebung der Nachfragekurve bewirkt unter sonst gleichbleibenden Bedingungen eine Preissteigerung.
3. Zu dem Preis p_2 besteht ein Angebotsüberhang.
4. Zum Preis p_2 wird die Menge M_1 abgesetzt.
5. Eine Rechtsverschiebung der Angebotskurve bewirkt unter gleichbleibenden Bedingungen eine Preissteigerung.

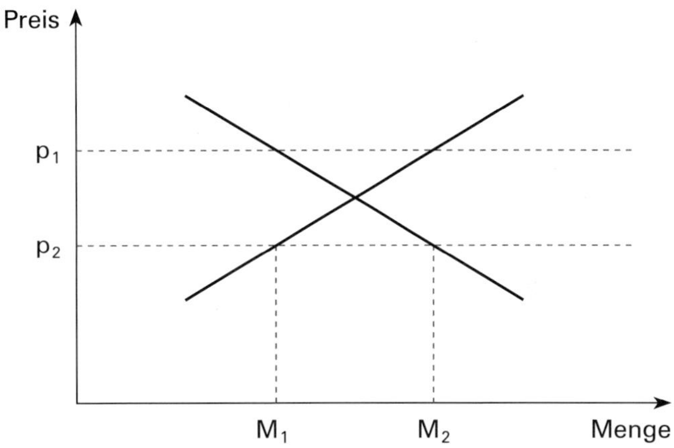

Tragen Sie die Ziffer vor der zutreffenden Aussage in das Kästchen ein. ⇨ ☐

Aufgabe 110

Auf Preisänderungen können Anbieter und Nachfrager unterschiedlich reagieren.

Stellen Sie fest, welche der nachfolgenden Aussagen ein preiselastisches Nachfrageverhalten zutreffend darstellt.

1. Der Anbieter erhöht seine Preise um 2 %. Der Absatz geht daraufhin um 6 % zurück.
2. Die Bundesregierung beschließt eine Steuererhöhung, die zu einer Preissteigerung von den betroffenen Waren um 10 % führt. Daraufhin mindern die Konsumenten dieser Waren ihren Konsum um 1 %.
3. Die Ölpreise steigen um 15 %, daraufhin erhöhen die Mineralölkonzerne ihre Preise um 20 %.
4. Trotz einer Preiserhöhung für Kraftstoff an Tankstellen um 15 % bleibt die Nachfrage nach Kraftstoff gleich.
5. Ein Anbieter von Luxusgütern erhöht seine Preise zum neuen Geschäftsjahr um 20 %. Daraufhin steigt die Nachfrage nach Uhren dieses Anbieters um 5 %.

Tragen Sie die Ziffer vor der zutreffenden Aussage in das Kästchen ein. ⇨ ☐

Aufgabe 111

Stellen Sie fest, bei welchen der nachfolgenden Fälle es als Reaktion der Marktteilnehmer zu einer wie in der Grafik dargestellten Rechtsverschiebung der Nachfragekurve bei einem Gebrauchsgut kommen kann.

1. Der Preis des nachgefragten Gutes sinkt.

2. Der Preis eines Komplementärgutes steigt deutlich.

3. Der Preis eines Substitutionsgutes steigt deutlich.

4. Aufgrund der unsicheren Konjunkturlage ändern die Verbraucher ihre Konsumgewohnheiten nicht.

5. Die Einkommen der Haushalte, die dieses Gut nachfragen, steigen durch Tariflohnerhöhungen.

6. Der Verbraucherpreisindex steigt um 8 %.

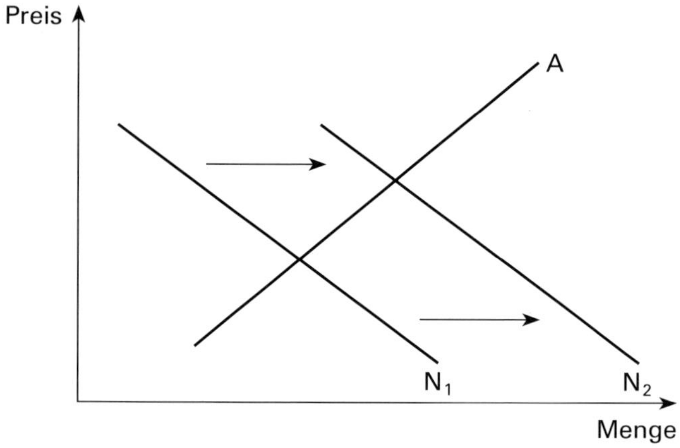

Tragen Sie die Ziffern vor den zutreffenden Aussagen in die Kästchen ein. ⇨ ☐ ☐

Aufgabe 112

Stellen Sie fest, welche der folgenden Aussagen zur Preisbildung auf einem unvollkommenen Markt zutreffend sind.

1. Die Lenkungsfunktion des Preises ist weitestgehend ausgeschaltet.

2. Die hohe Markttransparenz führt zu einheitlichen Marktpreisen.

3. Die Nachfrager reagieren nicht immer auf Preisänderungen der Anbieter.

4. Der einzelne Anbieter kann keine aktive Preispolitik betreiben.

5. Anbieter können wegen der modernen Kommunikationsmittel ihre Produkte an verschiedenen Orten nicht zu unterschiedlichen Preisen anbieten.

6. Verdeckte Preiserhöhungen können bei gleichen Preisen für das Produkt durch Reduzierung des Packungsinhalts vorgenommen werden.

Tragen Sie die Ziffern vor den zutreffenden Aussagen in die Kästchen ein. ⇨ ☐ ☐

Aufgabe 113

Ordnen Sie die nebenstehenden Marktformen den nachstehenden Marktsituationen richtig zu.

Marktformen

1. Angebotsmonopol

2. Angebotsoligopol

3. Polypol

Situationen

a) Auf dem deutschen Markt für 3-D-Drucker gibt es zurzeit nur drei Produzenten. ⇨ ☐

b) Auf dem Energiemarkt für Verbraucher gibt es nur noch einen Anbieter für Erdgas. ⇨ ☐

c) Auf dem Wochenmarkt verkaufen viele Landwirte ihr Gemüse. ⇨ ☐

d) In Deutschland befriedigen vier Unternehmen die Nachfrage nach Elektroautos. ⇨ ☐

Aufgabe 114

Die Marktteilnehmer auf dem Geld- und Kapitalmarkt reagieren unterschiedlich auf Preisänderungen.

Stellen Sie fest, welche der folgenden Aussagen auf ein vollkommen unelastisches Verhalten der Marktteilnehmer hinweisen.

1. Aufgrund der Anhebung der EZB-Zinssätze besteht eine erhöhte Nachfrage nach festverzinslichen Wertpapieren.
2. Obwohl sich die Zinsmarge im langfristigen Kreditgeschäft erhöht hat, kann die Merkurbank eG ihr Kreditvergabevolumen aufgrund der zu geringen Eigenkapitalausstattung überhaupt nicht erhöhen.
3. Aufgrund der erfolgten Zinssteigerungen werden überproportional viele Darlehen zur Finanzierung von Wohneigentum abgeschlossen.
4. Die gestiegenen Zinssätze am Kapitalmarkt führen zum Rückgang von Baufinanzierungskrediten.
5. Trotz nur geringer Erhöhung der Einlagenzinsen werden überproportional viele Sparkonten von Verbrauchern eröffnet.
6. Trotz der deutlich gestiegenen Entgelte für die Schließfächer im Tresorraum werden bei der Merkurbank eG keine Verträge gekündigt.

Tragen Sie die Ziffern vor den zutreffenden Aussagen in die Kästchen ein. ⇨ ☐ ☐

Aufgabe 115

Stellen Sie fest, in welcher der folgenden Marktsituationen der Gleichgewichtspreis eines Gutes auf einem vollkommenen Markt steigen wird.

1. Die Kaufkraft der Nachfrager sinkt.
2. Der Preis eines Substitutionsguts steigt.
3. Die Anbieter gelangen durch Verbesserung der Technik zu einer günstigeren Kombination der Produktionsfaktoren.
4. Der Wettbewerb erhöht sich durch den Markteintritt eines neuen Anbieters.
5. Die Preise der für die Produktion benötigten Rohstoffe steigen.

Tragen Sie die Ziffer vor der zutreffenden Aussage in das Kästchen ein. ⇨ ☐

Aufgabe 116

Stellen Sie fest, in welcher der folgenden Situationen der Gleichgewichtspreis für Flüssiggas bei gleichzeitig abnehmender Gleichgewichtsmenge steigt, wenn die Preisfeststellung zum Einheitskurs erfolgt.

1. Die Anbieter können aufgrund von Exportverboten der Flüssiggas exportierenden Länder bei konstanter Nachfrage nur ein verringertes Angebot auf den Markt bringen.
2. Es entsteht eine erhöhte Nachfrage nach Flüssiggas im Winter, die durch die gefüllten Lager der Anbieter in gleich hohem Maße sofort befriedigt werden kann.
3. Eine Verunsicherung der Verbraucher im Hinblick auf die zukünftige Besteuerung fossiler Energien führt bei gleichbleibendem Angebot zu empfindlichen Absatzrückgängen.
4. Durch technischen Fortschritt kann die Förderung von Flüssiggas einfacher und kostengünstiger durchgeführt werden. Die Nachfrage bleibt unverändert.
5. Die erhöhte Nachfrage nach Solarenergie im Sommer und der daraus resultierende Nachfrageschub führen zu geringerer Nachfrage nach Flüssiggas.

Tragen Sie die Ziffer vor der zutreffenden Aussage in das Kästchen ein. ⇨ ☐

Situation zu den Aufgaben 117 und 118

Der Gleichgewichtspreis eines Wertpapiers an der Börse liegt bei 50,00 EUR. Ein Anbieter ist bereit, das Wertpapier für 49,00 EUR zu verkaufen.

Aufgabe 117

Stellen Sie fest, welche der folgenden Aussagen zur Ausführung des Verkaufsauftrags zutreffend ist.

Der Verkaufsauftrag des Anbieters wird …

1. … nicht ausgeführt, da alle über dem Gleichgewichtspreis limitierten Verkaufsaufträge unberücksichtigt bleiben.
2. … nicht ausgeführt, da alle unter dem Gleichgewichtspreis limitierten Verkaufsaufträge unberücksichtigt bleiben.
3. … teilweise ausgeführt, weil sein Verkaufsauftrag zum Gleichgewichtspreis limitiert ist.
4. … vollständig ausgeführt, da alle unter dem Gleichgewichtspreis limitierten Verkaufsaufträge berücksichtigt werden.
5. … vollständig ausgeführt, da alle über dem Gleichgewichtspreis limitierten Verkaufsaufträge berücksichtigt werden.

Tragen Sie die Ziffer vor der zutreffenden Aussage in das Kästchen ein. ⇨ ☐

Aufgabe 118

Für die Marktteilnehmer auf dem Markt für das Wertpapier ergibt sich unter bestimmten Bedingungen eine Produzentenrente.

Berechnen Sie bei der vorliegenden Marktsituation aus Aufgabe 117 die Produzentenrente für den Anbieter für einen Verkaufsauftrag über 500 Stück, wenn er das Wertpapier zu 50,00 EUR verkauft hätte.

Tragen Sie den Betrag in die Kästchen ein. ⇨ ☐☐☐,☐☐ EUR

Aufgabe 119

An einer Börse liegen folgende Kauf- und Verkaufsaufträge für ein Energieprodukt vor.

Kaufaufträge (Nachfrage):

Käufer	Kaufmenge in Liter	Akzeptierte Preisobergrenze
A	150	105,00 EUR/Liter
B	60	120,00 EUR/Liter
C	90	132,00 EUR/Liter
D	45	140,00 EUR/Liter

Verkaufsaufträge (Angebot):

Verkäufer	Verkaufsmenge in Liter	Akzeptierte Preisuntergrenze
E	150	140,00 EUR/Liter
F	90	123,00 EUR/Liter
G	135	120,00 EUR/Liter
H	60	105,00 EUR/Liter

Ermitteln Sie den Gleichgewichtspreis in EUR.

Tragen Sie den Betrag in die Kästchen ein. ⇨ ☐☐☐,☐☐ EUR

Aufgabe 120

Auf einem Wochenmarkt im Alten Land werden bei einem Preis von 4,00 EUR je kg 700 kg Kirschen nachgefragt und 450 kg Kirschen angeboten.

Stellen Sie fest, welche der nachfolgenden Zeilen die Marktsituation richtig wiedergibt.

	Marktlage	Marktumsatz in EUR	Preisentwicklung
1.	Angebotsüberhang	2.800,00	fallend
2.	Nachfrageüberhang	2.800,00	steigend
3.	Angebotsüberhang	1.800,00	fallend
4.	Nachfrageüberhang	1.800,00	steigend
5.	Angebotsüberhang	1.800,00	steigend

Tragen Sie die Ziffer der richtigen Marktsituation in das Kästchen ein. ⇨ ☐

Aufgabe 121

Stellen Sie fest, auf welche der nachfolgenden Marktsituationen der Begriff Käufermarkt zutrifft.

1. Das Sonderangebot in einem Verbrauchermarkt findet reißenden Absatz.

2. Die Nachfrage nach Smartphones kann nicht befriedigt werden.

3. Die Flugreisen zu den Kanarischen Inseln sind ausgebucht.

4. Die Gebrauchtwagenhändler können ihre Fahrzeuge zu den geforderten Preisen nicht absetzen.

5. Die Eintrittskarten für das Tennisturnier sind schon lange im Voraus ausverkauft.

Tragen Sie die Ziffer vor der zutreffenden Aussage in das Kästchen ein. ⇨ ☐

Aufgabe 122

Gehen Sie vom unten stehenden Angebots- und Nachfrageschema mit den Preisen p_1 bis p_3 aus.

Bestimmen Sie auf Grundlage der folgenden Grafik die Geld- und Mengeneinheiten.

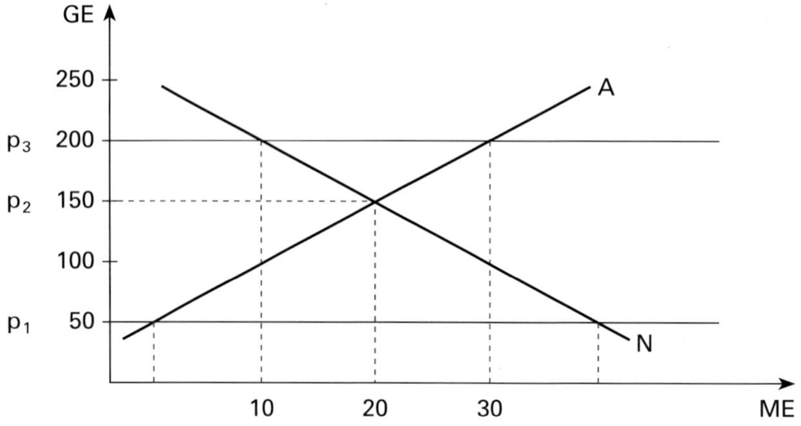

a) Gleichgewichtsmenge	⇨	☐☐ ME
b) Mindestpreis	⇨	☐☐☐ GE
c) Nachfragemenge zum Mindestpreis	⇨	☐☐ ME

Aufgabe 123

Stellen Sie fest, ob die unten stehenden Vorgänge eine Verschiebung der Nachfragekurve …

1. … nach rechts,

2. … nach links,

3. … keine Verschiebung (Bewegung entlang der Kurve)

bewirken.

a) Aufgrund von Werbekampagnen interessieren sich mehr Verbraucher als bisher für das Produkt.	⇨	☐
b) Die Arbeitnehmer erfahren durch eine Steuererhöhung einen realen Kaufkraftverlust.	⇨	☐
c) Der Preis für ein Komplementärgut steigt.	⇨	☐
d) Das Gut Butter wird billiger angeboten als bisher.	⇨	☐

Situation zu den Aufgaben 124 bis 126

Die Merkurbank eG bietet Privatkunden das Girokonto „Easy-Dispo" an. Dieses Kontomodell soll auf dem Markt besser positioniert werden.

Es liegen folgende Daten aus dem Controlling und einer Marktstudie vor:

• Anzahl der Kontokorrentkonten	100.000
• monatliches Kontoführungsentgelt	2,50 EUR
• Elastizität der Nachfrage aufgrund der Marktforschungsergebnisse	0,8

$$\text{Elastizität} = \frac{\text{prozentuale Mengenänderung}}{\text{prozentuale Preisänderung}}$$

Die Merkurbank eG möchte durch die Senkung des Kontoführungsentgelts um 0,50 EUR ihre Marktanteile ausbauen.

Aufgabe 124

Berechnen Sie den voraussichtlichen Zuwachs an Kontokorrentkonten in Prozent.

Tragen Sie die Prozentzahl in die Kästchen ein. ⇨ ☐☐ Prozent

Aufgabe 125

Berechnen Sie die Anzahl der Konten, die voraussichtlich zusätzlich eröffnet werden.

Tragen Sie die Anzahl der neuen Konten in die Kästchen ein. ⇨ ☐☐.☐☐☐

Aufgabe 126

Stellen Sie fest, welche der folgenden Aussagen nach der Senkung des Kontoführungsentgelts auf die Entwicklung der Anzahl der Kontokorrentkonten zutrifft.

1. Da die Nachfrage eher unelastisch reagiert, wird die Anzahl der Kontokorrentkonten überproportional zunehmen.
2. Da die Nachfrage eher unelastisch reagiert, wird die Anzahl der Kontokorrentkonten unterproportional zunehmen.
3. Da die Nachfrage eher elastisch reagiert, wird die Anzahl der Kontokorrentkonten überproportional abnehmen.
4. Da die Nachfrage eher unelastisch reagiert, wird die Anzahl der Kontokorrentkonten überproportional abnehmen.
5. Da die Nachfrage proportional zur Preisänderung reagiert, wird die Anzahl der Kontokorrentkonten unverändert bleiben.

Tragen Sie die Ziffer vor der zutreffenden Aussage in das Kästchen ein. ⇨ ☐

Aufgabe 127

Die Europäische Union bestimmt einen Mindestpreis für eine Kilowattstunde klimaneutrale Energie in Höhe von 1,00 EUR.

Stellen Sie fest, welcher Grund die EU zur Festlegung dieses Mindestpreises bewogen haben könnte.

1. Die Festlegung des Mindestpreises erfolgt, um die Produzenten von erneuerbaren Energien zu schützen und deren Einkommen nach unten abzusichern.
2. Die Festlegung des Mindestpreises dient dazu, mehr Konsumenten den Erwerb dieses Produktes zu ermöglichen.
3. Der Mindestpreis dient dazu, das Angebot an klimaneutraler Energie zu reduzieren, um eine Überproduktion zu vermeiden.
4. Der Mindestpreis soll die Versorgung der Bevölkerung mit klimaneutraler Energie sicherstellen.
5. Der Grund für die Einführung des Mindestpreises liegt in einem Angebotsüberhang.

Tragen Sie die Ziffer vor der zutreffenden Aussage in das Kästchen ein. ⇨ ☐

Situation zu den Aufgaben 128 und 129

Auf dem Markt für Fleischprodukte wird zum Schutz von Bio-Landwirten ein Mindestpreis festgelegt, der um 20 % vom derzeitigen Gleichgewichtspreis von 40,00 EUR pro Kilo Biofleisch abweicht.

Aufgabe 128

Ermitteln Sie diesen Mindestpreis in EUR.

Tragen Sie den Mindestpreis in die Kästchen ein. ⇨ ☐☐,☐☐ EUR

Aufgabe 129

Die Festlegung des Mindestpreises führt zu einer veränderten Situation auf diesem Markt.

Stellen Sie fest, welche der folgenden Aussagen zur veränderten Marktsituation zutreffend sind.

1. Dieser Mindestpreis führt zu einer Erhöhung der abgesetzten Menge.
2. Bei dieser Preisfestsetzung werden Anbieter vom Markt gedrängt, die nicht bereit sind, den Mindestpreis zu zahlen.
3. Der festgelegte Preis soll die Produzenten vor nicht kostendeckenden Preisen schützen.
4. Der festgelegte Preis bewirkt eine Reduzierung der auf dem Markt angebotenen Menge.
5. Bei einer elastischen Nachfrage (Elastizität ist gleich 1) erhöhen sich tendenziell die staatlichen Einnahmen aus der Umsatzsteuer.

Tragen Sie die Ziffern vor den zutreffenden Aussagen in die Kästchen ein. ⇨ ☐☐

Aufgabe 130

Die Wirtschaftsordnung der Bundesrepublik Deutschland ist die soziale Marktwirtschaft.

Stellen Sie fest, welche der nachstehenden Handlungen bzw. Absichten des Staates mit den Grundprinzipien dieser Wirtschaftsordnung vereinbar sind.

1. Der Staat untersagt Unternehmenszusammenschlüsse, wenn dadurch eine marktbeherrschende Stellung erreicht oder ausgebaut wird.
2. Der Staat stellt verstärkt öffentliches Bauland für private Bauherren zur Verfügung. Hierfür wird der Verkaufspreis staatlich festgesetzt.
3. Der Staat lässt es Angestellten und Arbeitern freigestellt, ob sie sich kranken- und rentenversichern.
4. In der gesetzlichen Krankenversicherung wird der Leistungsumfang der Krankenkassen von der individuellen Beitragshöhe abhängig gemacht.
5. Der Staat rationiert aufgrund von Energieknappheit Benzin für den Individualverkehr; die Abgabe erfolgt nur gegen Bezugsscheine.
6. Transferzahlungen und Subventionen werden innerhalb von zehn Jahren vollständig abgebaut.

Tragen Sie die Ziffern vor den zutreffenden Aussagen in die Kästchen ein. ⇨ ☐ ☐

---

10 Konzentration und Wettbewerbspolitik

Aufgabe 131

Die Merkurbank eG beabsichtigt, mit der Bausparkassen AG einen Konzern zu bilden.

Stellen Sie fest, welche der folgenden Aussagen zur Konzernbildung richtig ist.

1. Durch diese Konzernbildung entsteht ein neues Unternehmen.
2. Durch Absprachen über bestimmte Geschäftspraktiken, z.B. Preis- und Produktgestaltung, bilden die beiden Unternehmen den Konzern.
3. Die Merkurbank eG und die Bausparkassen AG bleiben weiterhin rechtlich selbstständig.
4. Beide Unternehmen bleiben sowohl rechtlich als auch wirtschaftlich selbstständig.
5. Beide Unternehmen verlieren sowohl ihre rechtliche als auch ihre wirtschaftliche Selbstständigkeit.

Tragen Sie die Ziffer vor der zutreffenden Aussage in das Kästchen ein. ⇨ ☐

Aufgabe 132

Die Büro GmbH und die Office KG sind Konkurrenten der Digital Office GmbH. Sie haben zusammen einen Marktanteil von 76 % und wollen fusionieren.

Stellen Sie fest, ob das Bundeskartellamt im Rahmen der Fusionskontrolle bei diesem geplanten Zusammenschluss tätig werden muss.

1. Ja, weil grundsätzlich alle Unternehmenszusammenschlüsse genehmigungspflichtig sind.
2. Nein, weil sich die Wettbewerbsfähigkeit des durch die Fusion neu entstandenen Unternehmens erhöht.
3. Nein, weil in dieser Situation die unternehmerische Freiheit einen höheren Stellenwert hat als eine staatliche Regulierung.

4. Ja, weil die Entstehung oder Verstärkung einer marktbeherrschenden Stellung geprüft werden muss.
5. Nein, weil sich die Kontrolle durch das Bundeskartellamt nur auf grenzüberschreitende Fusionen von Unternehmen bezieht.

Tragen Sie die Ziffer vor der zutreffenden Aussage in das Kästchen ein. ⇨ ☐

Aufgabe 133

Zu Unternehmenszusammenschlüssen kommt es, weil sie aus betriebswirtschaftlicher Sicht den beteiligten Unternehmen Vorteile bringen. Entscheiden Sie, welche Wirkung von Unternehmenszusammenschlüssen aus gesamtwirtschaftlicher Sicht nicht vorteilhaft ist.

1. Steuerliche Vorteile für die beteiligten Unternehmen
2. Rationalisierungsvorteile für die beteiligten Unternehmen
3. Beschränkung des Wettbewerbs
4. Vorteile für Forschung und Entwicklung für die beteiligten Unternehmen
5. Verbesserung der Kapitalbeschaffungsmöglichkeiten für die beteiligten Unternehmen

Tragen Sie die Ziffer vor der zutreffenden Aussage in das Kästchen ein. ⇨ ☐

Aufgabe 134

Je nach Ausgestaltung der Kooperation und Konzentration von Unternehmen werden die Unternehmenszusammenschlüsse in Kartelle, Konzerne und Fusionen unterschieden.

Ordnen Sie den unten stehenden Aussagen die folgenden Formen von Unternehmenszusammenschlüssen korrekt zu.

Unternehmenszusammenschlüsse

1. Kartell
2. Konzern
3. Fusion
4. Kartell, Konzern und Fusion
5. Keine der genannten Unternehmenszusammenschlüsse

Aussagen

a) Sechs Bauunternehmen sprechen ihre Angebote bei einer öffentlichen Ausschreibung zum Bau einer neuen Oper in Köln untereinander ab.	⇨	☐
b) Das Vermögen eines Unternehmens wird in das Vermögen eines anderen Unternehmens übertragen.	⇨	☐
c) Dieser Zusammenschluss wirkt sich weder auf die rechtliche noch auf die wirtschaftliche Selbstständigkeit der beteiligten Unternehmen aus.	⇨	☐
d) Die unter einer einheitlichen Leitung stehenden beteiligten Unternehmen bleiben rechtlich selbstständig, geben aber ihre wirtschaftliche Selbstständigkeit auf.	⇨	☐

Aufgabe 135

In den Medien erscheint nebenstehende Wirtschaftsnachricht:

„Konzentrationsprozess im Energiemarkt schreitet voran: Die Ökostrom AG übernimmt die Mehrheit bei der Windradstrom GmbH"

Stellen Sie fest, welche Aussage über den Konzentrationsprozess von Unternehmen einen Konzern zutreffend beschreibt.

1. Unternehmen A vereinbart mit Unternehmen B einheitliche Vertriebskonditionen.
2. Unternehmen A und B eröffnen ein gemeinsames Verkaufsbüro.
3. Unternehmen A und B gründen ein gemeinsames Forschungs- und Entwicklungsunternehmen.
4. Unternehmen A fusioniert mit Unternehmen B.
5. Unternehmen A beteiligt sich zu 51 % bei Unternehmen B und übernimmt die wirtschaftliche Leitung.

Tragen Sie die Ziffer vor der zutreffenden Aussage in das Kästchen ein. ⇨ ☐

Aufgabe 136

Das Bundeskartellamt hat die Aufgabe, über die Einhaltung des Gesetzes gegen Wettbewerbsbeschränkungen (GWB) zu wachen und den Wettbewerb in Deutschland zu schützen.

Stellen Sie fest, gegen welche der folgenden Absprachen zwischen Unternehmen das Bundeskartellamt einschreiten wird.

1. Drei Unternehmen einer Branche verpflichten sich, nur noch Produkte mit jeweils gleichen Inhaltsstoffen herzustellen.
2. Drei Unternehmen einer Branche verpflichten sich, nur noch Produkte in genormten Größen zu verwenden.
3. Drei Unternehmen einer Branche beschließen eine gemeinsame Forschung und Entwicklung für die Nutzung von Flüssiggas als Energieträger.
4. Drei Unternehmen einer Branche verpflichten sich zur Einführung einheitlicher Rechnungsvordrucke.
5. Drei Unternehmen einer Branche verpflichten sich, dass jedes nur in der ihm vertraglich zugewiesenen Region Aufträge ausführen darf.

Tragen Sie die Ziffer vor der zutreffenden Aussage in das Kästchen ein. ⇨ ☐

Aufgabe 137

Sie interessieren sich als Kundenberater/-in im Rahmen der Aktienanalyse für Unternehmenszusammenschlüsse, die unter Umständen den Wettbewerb beeinflussen könnten. In diesen Fällen tritt der Staat als Wettbewerbshüter auf.

Stellen Sie fest, welche Maßnahme dem Kartellverbot oder der Missbrauchsaufsicht unterliegt.

1. Chiphersteller verpflichten sich vertraglich zur Normung ihrer Produkte.
2. Maschinenproduzenten vereinbaren die Gewährung eines Preisnachlasses in Höhe von 2 % bis zu einem Zahlungsziel von vier Wochen.
3. Energiekonzerne erhöhen unabhängig voneinander die Preise für fossile Treibstoffe.
4. Lieferanten erneuerbarer Energieträger in Deutschland vereinbaren untereinander die Zuteilung von bestimmten Absatzgebieten.
5. Unternehmen A, das bereits einen Marktanteil von 20 % besitzt, beabsichtigt die Aktienmehrheit des nächstgrößeren Mitbewerbers, Unternehmen B, zu erwerben.

Tragen Sie die Ziffer vor der zutreffenden Aussage in das Kästchen ein. ⇨ ☐

Aufgabe 138

Das Bundeskartellamt hat die Beteiligung eines Konzerns an einer AG offiziell untersagt.

Nach Einschätzung des Bundeskartellamts würde der angestrebte Zusammenschluss auf zwei verschiedenen Märkten die bereits vorhandenen marktbeherrschenden Stellungen weiter verstärken.

Als Reaktion auf die Ablehnung wurde eine Ministererlaubnis beim Bundesminister für Wirtschaft und Klimaschutz beantragt.

Stellen Sie fest, welche der folgenden Aussagen zur Ministererlaubnis zutreffend ist.

1. Eine Ministererlaubnis kann erteilt werden, wenn der Zusammenschluss durch ein überragendes Interesse der beteiligten Unternehmen gerechtfertigt ist.
2. Das Verfahren zur Ministererlaubnis wird nach einer Ablehnung des Zusammenschlusses durch das Kartellamt automatisch in Gang gesetzt.
3. Die betroffenen Unternehmen hätten bei glaubhaftem Nachweis der gesamtwirtschaftlichen Vorteile des Zusammenschlusses über die Ministererlaubnis das Verfahren des Kartellamts umgehen können.
4. Die Erteilung einer Ministererlaubnis darf nicht mit Bedingungen und Auflagen für die beteiligten Unternehmen verbunden werden.
5. Die Ministererlaubnis darf nur erteilt werden, wenn im Einzelfall die Wettbewerbsbeschränkung von gesamtwirtschaftlichen Vorteilen des Zusammenschlusses aufgewogen wird.

Tragen Sie die Ziffer vor der zutreffenden Aussage in das Kästchen ein. ⇨ ☐

Aufgabe 139

Zwei große Hersteller von Elektromotoren planen die Durchführung einer Fusion, aus welcher ein neues Unternehmen hervorgehen soll.

Einer der Hersteller ist vorrangig im mitteleuropäischen Raum tätig, der andere Hersteller hat seinen Hauptgeschäftsbereich in Südeuropa.

Stellen Sie fest, welche Aussage die spezifischen Vorteile, die mit der beabsichtigten Fusion verbunden sein könnten, zutreffend beschreibt.

1. Eine vertikale Fusion dieser Art hat für die beteiligten Unternehmen möglicherweise zur Folge, dass eine höhere Unabhängigkeit durch eigene Beschaffungs- und Vertriebswege geschaffen werden kann.
2. Eine vertikale Fusion dieser Art hat für die beteiligten Unternehmen möglicherweise Kostensenkungspotenziale durch gemeinsamen Einkauf oder das Zusammenlegen bestimmter Bereiche zur Folge.
3. Eine anorganische (diagonale) Fusion dieser Art hat für die beteiligten Unternehmen möglicherweise eine hohe Risikoverteilung zur Folge.
4. Eine horizontale Fusion dieser Art hat für die beteiligten Unternehmen möglicherweise Synergieeffekte hinsichtlich der Kosten zur Folge.
5. Eine horizontale Fusion dieser Art hat für die betroffenen Mitarbeiter in jedem Fall den Vorteil, dass ihre Arbeitsplätze dauerhaft gesichert sind.

Tragen Sie die Ziffer vor der zutreffenden Aussage in das Kästchen ein. ⇨ ☐

Aufgabe 140

Das Gesetz gegen Wettbewerbsbeschränkungen (GWB) behandelt u. a. die Zulässigkeit von Unternehmensverbindungen in Form von Kartellen.

Stellen Sie fest, welche der folgenden Aussagen in diesem Zusammenhang zutreffend sind.

1. Wettbewerbsbeschränkungen durch Kartelle fallen nur dann unter das GWB, wenn die vertraglichen Vereinbarungen über das abgestimmte Verhalten schriftlich festgelegt sind.
2. Erlaubt sind Kartelle, die unter angemessener Beteiligung der Verbraucher am entstandenen Gewinn zur Förderung des technischen oder wirtschaftlichen Fortschritts beitragen.
3. Das Verbot von den Wettbewerb einschränkenden Vereinbarungen bezieht sich im Wesentlichen auf vertikale Verbindungen großer Unternehmen.
4. Kartelle, die eine Verhinderung oder Verfälschung des Wettbewerbs bewirken, gelten erst nach einer entsprechenden schriftlichen Erklärung des Kartellamts als verboten.
5. Die Genehmigung von Mittelstandskartellen muss über eine Ministererlaubnis beantragt werden.
6. Vereinbarungen, welche die Rationalisierung wirtschaftlicher Vorgänge durch eine zwischenbetriebliche Zusammenarbeit kleiner oder mittlerer Unternehmen zum Gegenstand haben, sind vom grundsätzlichen Verbot der Kartellbildung ausgenommen.

Tragen Sie die Ziffern vor den zutreffenden Aussagen in die Kästchen ein. ⇨ ☐ ☐

11 Wirtschaftspolitik

Aufgabe 141

Zur Prüfung, ob die wirtschaftspolitischen Ziele des Gesetzes zur Förderung der Stabilität und des Wachstums der Wirtschaft (StabG) realisiert wurden, werden entsprechende Maßgrößen verwendet.

Stellen Sie fest, in welchem Fall dem wirtschaftspolitischen Ziel die richtige Maßgröße zugeordnet ist.

	Wirtschaftspolitisches Ziel	Maßgröße
1.	Stabilität des Preisniveaus	Arbeitslosenquote
2.	Stabilität des Preisniveaus	Mindestreservesatz
3.	hoher Beschäftigungsstand	Bruttoinlandsprodukt
4.	außenwirtschaftliches Gleichgewicht	Außenbeitrag
5.	Wirtschaftswachstum	Umsatzsteueraufkommen

Tragen Sie die Ziffer vor der zutreffenden Aussage in das Kästchen ein. ⇨ ☐

Aufgabe 142

Ein Ziel des magischen Vierecks ist die Stabilität des Preisniveaus. Dieses Ziel wird unter anderem durch die sogenannte „importierte Inflation" gefährdet.

Stellen Sie fest, welche der folgenden Aussagen das Phänomen der „importierten Inflation" richtig darstellt.

1. Importierte Inflation entsteht durch stark zunehmende inländische Nachfrage.
2. Importierte Inflation entsteht durch Abwanderung von qualifizierten Arbeitskräften ins Ausland.

3. Importierte Inflation entsteht durch eine stark defizitäre Zahlungsbilanz aufgrund zu hoher Importe.

4. Importierte Inflation entsteht durch die Aufwertung des Euro, weil dadurch ausländische Waren teurer werden.

5. Importierte Inflation entsteht, wenn die Preise auf internationalen Märkten steigen und inländische Unternehmen die gestiegenen Produktionskosten als Preiserhöhungen weitergeben.

Tragen Sie die Ziffer vor der zutreffenden Aussage in das Kästchen ein. ⇨ ☐

Aufgabe 143

Die weltweiten wirtschaftlichen Verflechtungen der Länder sind vielfältig.

Stellen Sie fest, welche Aussage die Auswirkung dieser sogenannten Globalisierung zutreffend beschreibt.

1. Durch die Einführung des Euro gelten im Einführungsgebiet überall die gleichen Preise.

2. Bei sinkenden Lohnkosten im Inland wird die Produktion ins Ausland verlagert. Dies kann im Inland zu höherer Arbeitslosigkeit führen.

3. Der erhöhte internationale Warenaustausch führt tendenziell zu einer Erhöhung des globalen CO_2-Ausstoßes.

4. Der Abstand beim Pro-Kopf-Einkommen zwischen den reichsten und den ärmsten Ländern der Welt hat sich in den letzten Jahren erheblich verringert.

5. Die Verlagerung der Produktion in Entwicklungsländer führt zu einer Verschlechterung der Infrastruktur in diesen Ländern.

Tragen Sie die Ziffer vor der zutreffenden Aussage in das Kästchen ein. ⇨ ☐

Aufgabe 144

Stellen Sie fest, welche der folgenden Aussagen die Wirkung einer Erhöhung der Umsatzsteuer in Deutschland zutreffend beschreiben.

1. Eine Erhöhung der Umsatzsteuer wird über eine Erhöhung der Staatsausgaben die Gesamtnachfrage erhöhen und die Konjunktur ankurbeln.

2. Die Veränderung des Umsatzsteuersatzes ist ein Instrument staatlicher Wirtschaftspolitik nach dem Stabilitätsgesetz.

3. Eine Erhöhung der Umsatzsteuer reduziert die Kaufkraft der Verbraucher und hat damit tendenziell konjunkturdämpfende Wirkung.

4. Eine geplante Erhöhung der Umsatzsteuer kann dazu führen, dass Konsumenten den Kauf hochpreisiger Güter vorziehen und dadurch das Wirtschaftswachstum im laufenden Jahr stärker ausfällt als ursprünglich vorausgesagt.

5. Eine Erhöhung der Umsatzsteuer belastet die Rentabilität der Unternehmen, weil aufgrund gesetzlicher Vorschriften nur ein geringer Teil dieser Erhöhung über die Preise an die Konsumenten weitergegeben werden darf.

6. Die Bundesregierung kann durch Rechtsverordnung bestimmen, dass die Unternehmen die Umsatzsteuererhöhung nicht über Preiserhöhungen an die Verbraucher weitergeben dürfen.

Tragen Sie die Ziffern vor den zutreffenden Aussagen in die Kästchen ein. ⇨ ☐ ☐

Aufgabe 145

Angenommen, die Bundesregierung plant, für alle angeschafften beweglichen Wirtschaftsgüter die degressive Abschreibung in Höhe des Dreifachen des linearen Satzes (maximal 30 %) einzuführen.

Stellen Sie fest, welche Aussage die Auswirkungen auf das Verhalten der Wirtschaftssubjekte durch diese Maßnahme zutreffend beschreibt.

1. Da durch diese Maßnahme der Konsum allgemein steigt, stehen den Unternehmen weniger Mittel für Investitionen zur Verfügung.
2. Durch diese Maßnahme stehen dem Staat mehr Mittel für Konsum und Investitionen zur Verfügung.
3. Um den Nachteil dieser Maßnahme auszugleichen, wählen die Unternehmen in jedem Fall die lineare Abschreibung.
4. Da aus dieser Maßnahme ein Steuerstundungseffekt folgt, wird die Investitionstätigkeit der Unternehmen angeregt.
5. Da durch diese Maßnahme die Sparquote der einzelnen Wirtschaftssubjekte steigt, wird die Investitionstätigkeit der Unternehmen negativ beeinflusst.

Tragen Sie die Ziffer vor der zutreffenden Aussage in das Kästchen ein. ⇨ ☐

Aufgabe 146

Nach dem Stabilitätsgesetz können Bund und Länder fiskalpolitische Maßnahmen zur Steuerung der Konjunktur und damit zur Herstellung des gesamtwirtschaftlichen Gleichgewichts ergreifen.

Stellen Sie fest, welche der folgenden Maßnahmen tendenziell zu einer Konjunkturbelebung beiträgt.

1. Die Bundesregierung begrenzt die öffentliche Kreditaufnahme.
2. Die Bundesregierung streicht die Förderung des Bausparens mit der Wohnungsbauprämie.
3. Die Bundesregierung erhöht den Körperschaftsteuersatz von 25 % auf 35 %.
4. Die Bundesregierung stellt zusätzliche Mittel für den Ausbau des Autobahnnetzes zur Verfügung.
5. Die Bundesregierung senkt die Abschreibungssätze auf bewegliche Wirtschaftsgüter.

Tragen Sie die Ziffer vor der zutreffenden Maßnahme in das Kästchen ein. ⇨ ☐

Situation zu den Aufgaben 147 und 148

Die nebenstehende Tabelle zeigt die geplanten **finanziellen Mehrbelastungen** der **privaten Haushalte** durch Steuererhöhungen sowie die Kürzungen von Transferzahlungen und Subventionen für das Jahr 20..

	Mehrbelastungen (in Mrd. EUR)	
1.	Erhöhung der Umsatzsteuer	19,41
2.	Erhöhung der Versicherungsteuer	1,74
3.	Kürzung des Kindergeldes	1,27
4.	Kürzung des Sparerfreibetrags	0,63
5.	Kürzung des Wohngeldes	0,65
6.	Erhöhung der Erbschaftsteuer	0,99

Aufgabe 147

Stellen Sie fest, welche Mehrbelastungen auf die Erhöhung indirekter Steuern zurückzuführen sind.

Tragen Sie die Ziffern vor den zutreffenden Aussagen in die Kästchen ein. ⇨ ☐ ☐

Aufgabe 148

Stellen Sie fest, welche Mehrbelastungen auf eine Senkung von Transferzahlungen zurückzuführen sind.

Tragen Sie die Ziffern vor den zutreffenden Aussagen in die Kästchen ein. ⇨ ☐ ☐

Aufgabe 149

Im Steuerrecht wird zwischen direkten Steuern und indirekten Steuern unterschieden. Die folgende Abbildung zeigt die fünf Steuern mit dem höchsten Aufkommen (Angaben in Mio. EUR).

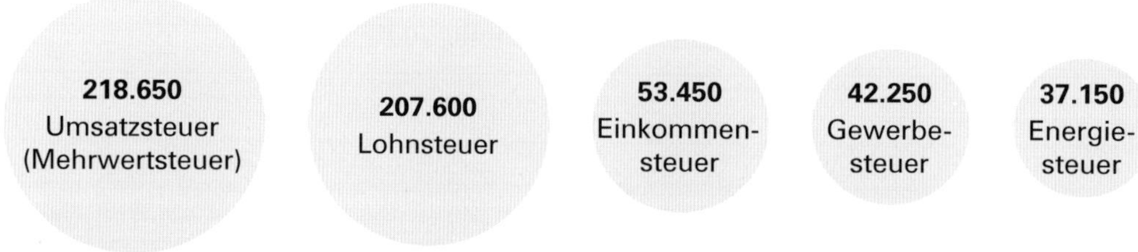

Ermitteln Sie von diesen fünf Steuern die Höhe der direkten Steuern in Mio. Euro.

Tragen Sie das Ergebnis in die Kästchen ein. ⇨ ☐☐☐.☐☐☐ Mio. EUR

Situation zu den Aufgaben 150 bis 152

Im Steuerrecht wird zwischen direkten Steuern und indirekten Steuern unterschieden.

Nutzen Sie für die Aufgaben die folgenden Werte:

Steuerarten und Einnahmen		
Gemeinschaftsteuern	Lohnsteuer	218,4 Mrd. EUR
	Umsatzsteuer	187,6 Mrd. EUR
	Veranlagte Einkommensteuer	72,3 Mrd. EUR
	Einfuhrumsatzsteuer	63,2 Mrd. EUR
	Körperschaftsteuer	42,1 Mrd. EUR
	Nicht veranlagte Steuern vom Ertrag	27,4 Mrd. EUR
	Abgeltungssteuer	10,0 Mrd. EUR
Bundessteuern	Energiesteuer	37,1 Mrd. EUR
	Versicherungsteuer	15,0 Mrd. EUR
	Tabaksteuer	14,7 Mrd. EUR
	Solidaritätszuschlag	11,0 Mrd. EUR
	Kraftfahrzeugsteuer	9,5 Mrd. EUR
Landessteuern	Grunderwerbsteuer	18,3 Mrd. EUR
	Erbschaftsteuer	9,8 Mrd. EUR
Gemeindesteuern	Gewerbesteuer (brutto)	61,1 Mrd. EUR
	Grundsteuer	14,6 Mrd. EUR

Aufgabe 150

Betrachten Sie nur die fünf Steuern mit dem höchsten Aufkommen in EUR.

Ermitteln Sie von diesen fünf Steuern die Höhe der indirekten Steuern in Mrd. Euro.

Tragen Sie das Ergebnis in die Kästchen ein. ⇨ ☐☐☐,☐ Mrd. EUR

Aufgabe 151

Ermitteln Sie die Höhe der direkten Steuern in Mrd. EUR, die allein dem Bund zufließen.

Tragen Sie das Ergebnis in die Kästchen ein. ⇨ ☐☐,☐ Mrd. EUR

Aufgabe 152

Ermitteln Sie anhand der Abbildung die Höhe der Steuern in Mrd. EUR, die unmittelbar durch den Kauf und den Besitz von Immobilien der öffentlichen Hand zufließen.

Tragen Sie das Ergebnis in die Kästchen ein. ⇨ ☐☐,☐ Mrd. EUR

Aufgabe 153

Die Konjunktur der Bundesrepublik Deutschland befindet sich in einer Rezession.

Stellen Sie fest, welche Aussage einen Indikator für eine Rezession zutreffend beschreibt.

1. Das Zinsniveau ist hoch.
2. Es herrscht geringe Investitionsbereitschaft.
3. Die Arbeitslosenquote hat einen Tiefststand erreicht.
4. Die Unternehmensgewinne steigen wieder langsam an.
5. Die Verbraucherpreise ziehen wieder an.

Tragen Sie die Ziffer vor der zutreffenden Aussage in das Kästchen ein. ⇨ ☐

Aufgabe 154

Einer aktuellen Umfrage eines Wirtschaftsforschungsinstitutes entnehmen Sie die folgenden Einschätzungen darüber, wie sich die Europäische Währungsunion auf verschiedene Indikatoren ausgewirkt hat.

Wie hat sich die Europäische Währungsunion ausgewirkt auf ...	Positiv	Negativ
... die Arbeitslosigkeit?	26,4 %	9,0 %
... die Inflation?	6,3 %	34,7 %
... das Wirtschaftswachstum?	18,5 %	23,7 %
... den Zusammenhalt in der EU?	5,6 %	46,2 %

Stellen Sie fest, welche der folgenden Aussagen die Ergebnisse der Befragung am zutreffendsten wiedergibt.

1. Die Vollbeschäftigung nimmt tendenziell ab.
2. Der Zusammenhalt in der EU geht tendenziell zurück.
3. Die Europäische Währungsunion führt tendenziell zu einem Wirtschaftswachstum.
4. Der Zusammenhalt der Mitgliedsländer hat sich erhöht.
5. Die Inflationsrate ist tendenziell gefallen.

Tragen Sie die Ziffer vor der zutreffenden Aussage in das Kästchen ein. ⇨ ☐

Situation zu den Aufgaben 155 bis 157

Für die Merkurbank eG sind im Rahmen ihrer strategischen Ausrichtung und geschäftspolitischen Planung die Konjunkturentwicklung sowie deren Kennzahlen und Indikatoren wichtige Größen zur Entscheidungsfindung. Aktuell betrachten die Analysten der Merkurbank eG die konjunkturelle Entwicklung mit Sorge und befürchten eine beginnende Rezession.

Aufgabe 155

Stellen Sie fest, welche Aussage die Entwicklungen im Konjunkturzyklus in der Phase der Rezession zutreffend beschreibt.

1. Zunahme der Exporte, Anstieg der Rationalisierungsinvestitionen, steigende Preise.
2. Massenarbeitslosigkeit, auf niedrigem Niveau verharrende Auftragseingänge, hohe Sparneigung.
3. Steigerung der Importe, erheblicher Angebotsüberschuss, sinkende Sparneigung.
4. Steigende Arbeitslosigkeit, sinkende Einkommen der Unternehmer und privaten Haushalte, Rückgang der Investitionen.
5. Massenarbeitslosigkeit, sinkende Auftragseingänge der Konsumgüterindustrie, hohe Sparneigung.

Tragen Sie die Ziffer vor der zutreffenden Aussage in das Kästchen ein. ⇨ ☐

Aufgabe 156

Der Kreditbank stehen zur Analyse der konjunkturellen Situation verschiedene Konjunkturindikatoren zur Verfügung.

Bestimmen Sie den Konjunkturindikator, der für die Merkurbank eG als Frühindikator von besonderer Bedeutung ist.

1. Der ifo-Geschäftsklimaindex
2. Das reale Wirtschaftswachstum
3. Der harmonisierte Verbraucherpreisindex
4. Das Lohnniveau auf dem europäischen Arbeitsmarkt
5. Die Zahl der Insolvenzen von Unternehmen

Tragen Sie die Ziffer vor der zutreffenden Aussage in das Kästchen ein. ⇨ ☐

Aufgabe 157

Die Bundesregierung plant Maßnahmen zur Belebung der Konjunktur.

Geben Sie an, welche Maßnahme hierfür sinnvoll und mit den Zielen der sozialen Marktwirtschaft vereinbar ist.

1. Die Bundesregierung legt eine Preisobergrenze für Grundnahrungsmittel verbindlich fest.
2. Die Bundesregierung halbiert den Grundfreibetrag in der Einkommensteuer.
3. Die Bundesregierung senkt den Umsatzsteuersatz um zwei Prozentpunkte.
4. Die Bundesregierung beschließt eine Lohnobergrenze für Führungskräfte von DAX-Unternehmen.
5. Die Bundesregierung senkt die Ausgaben für Verkehrsinfrastrukturprojekte.

Tragen Sie die Ziffer vor der zutreffenden Aussage in das Kästchen ein. ⇨ ☐

Aufgabe 158

Ein wirtschaftspolitisches Ziel der Bundesrepublik Deutschland ist es, für eine gerechte Einkommens- und Vermögensverteilung zu sorgen. Die Bundesregierung erwägt verschiedene Maßnahmen, die zu einer Umverteilung des Einkommens beziehungsweise zu einer Verbesserung der Einkommenserzielung in wirtschaftlich schwachen Haushalten beitragen können.

Prüfen Sie, welche Maßnahme diese Zielsetzung verfehlt.

1. Einführung einer Vermögenssteuer bei gleichzeitiger Erhöhung der Wohnungsbauprämien für Arbeitnehmer, deren Einkommen eine bestimmte Einkommenshöhe nicht übersteigt.
2. Erhöhung der Spitzensteuersätze der Einkommensteuer bei gleichzeitiger Erhöhung des Grundfreibetrages.
3. Staatliche Ausbildungsbeihilfen zur Finanzierung der Ausbildung von Kindern einkommensschwacher Familien.
4. Senkung des Spitzensteuersatzes der Einkommensteuer bei gleichzeitiger Abschaffung des Kindergeldes aller Einkommensbezieher.
5. Förderung der individuellen Altersvorsorge von Haushalten mit geringem Einkommen durch steuerliche Begünstigung von Sparguthaben.

Tragen Sie die Ziffer vor der verfehlten Maßnahme in das Kästchen ein. ⇨ ☐

Aufgabe 159

Durch Eingriffe staatlicher Institutionen kann die Konjunktur mittelbar bzw. unmittelbar beeinflusst werden.

Stellen Sie fest, welche der folgenden Maßnahmen in Zeiten eines Wirtschaftsabschwungs unmittelbar positive Auswirkungen auf den Konjunkturverlauf hat.

1. Die Bundesregierung verfolgt das Ziel eines ausgeglichenen Bundeshaushalts und will eine Nettoneuverschuldung des Bundes vermeiden.
2. Mit einer Reduzierung der Gewerbesteuerbelastung ist beabsichtigt, die Abwanderung von Betrieben in andere Regionen oder das Ausland zu vermeiden.
3. Um Kosten zu sparen, lässt eine Kommune die Abfallbeseitigung künftig durch ein privates Unternehmen ausführen.
4. Die Reduzierung von Lohnnebenkosten führt zu einer Stabilisierung des Arbeitsmarkts und sorgt für eine erhöhte Verbrauchernachfrage.
5. Die Bundesländer beschließen den Ganztagsschulbetrieb und fördern in diesem Zusammenhang Baumaßnahmen in Höhe von 20 Mrd. EUR.

Tragen Sie die Ziffer vor der zutreffenden Aussage in das Kästchen ein. ⇨ ☐

Aufgabe 160

In einer beispielhaften Volkswirtschaft ist die gesamtwirtschaftliche Nachfrage im Vergleich zum Gesamtangebot deutlich zu hoch.

Stellen Sie fest, welche Aussage ein hilfreiches Verhalten des Staates in dieser Situation zutreffend beschreibt.

1. Der Staat leitet die steigenden Einnahmen in die Konjunkturrücklage.
2. Der Staat investiert in längst überfällige Baumaßnahmen seiner Ministerien.
3. Der Staat beschließt Steuerprogramme zur Erleichterung der Unternehmens-Abschreibung.

4. Der Staat erhöht die Grundsicherung für Arbeitsuchende deutlich.

5. Der Staat senkt den allgemeinen Umsatzsteuersatz.

Tragen Sie die Ziffer vor der zutreffenden Aussage in das Kästchen ein. ⇨ ☐

Aufgabe 161

Die Merkurbank eG prüft regelmäßig die Geschäftsentwicklung ihrer Geschäftskunden, die stark von der Konjunkturentwicklung abhängig sind. Zur Unterstützung zieht die Merkurbank eG unter anderem auch verschiedene Konjunkturindikatoren zu Vergleichszwecken heran.

Stellen Sie fest, welche Aussage die Entwicklung, die am frühesten ein Indiz für den konjunkturellen Trend abgibt, zutreffend beschreibt.

1. Entwicklung der Geldmenge

2. Entwicklung der Auftragseingänge

3. Entwicklung des Arbeitsmarktes

4. Entwicklung der Preise

5. Entwicklung der Umsätze

Tragen Sie die Ziffer vor der zutreffenden Aussage in das Kästchen ein. ⇨ ☐

Aufgabe 162

In einer beispielhaften Volkswirtschaft führen verschiedene Gruppen von Wirtschaftssubjekten in einem bestimmten Zeitraum die folgenden wirtschaftlichen Aktivitäten aus.

1. Der Staat zahlt an private Anleger Zinsen für Staatsschuldverschreibungen in Höhe von 5.000,00 EUR.

2. Urlauber aus dem Inland geben im Ausland 18.000,00 EUR aus.

3. Der Staat zahlt Kurzarbeitergeld in Höhe von 90.000,00 EUR.

4. Die privaten Haushalte zahlen Sozialversicherungsbeiträge in Höhe von 183.000,00 EUR.

5. Private Haushalte geben für ihren täglichen Bedarf 552.000,00 EUR aus.

6. Private Haushalte werden mit Einkommensteuer in Höhe von 190.000,00 EUR belastet.

7. Der Staat zahlt Wohngeld in Höhe von 15.000,00 EUR.

8. Unternehmen zahlen Bruttogehälter in Höhe von 880.000,00 EUR.

Stellen Sie fest, bei welchen zwei der angegebenen wirtschaftlichen Aktivitäten es sich um Transferzahlungen handelt.

Tragen Sie die Ziffern vor den zutreffenden Aussagen in die Kästchen ein. ⇨ ☐ ☐

Aufgabe 163

Für das kommende Jahr wird von den Wirtschaftsforschungsinstituten ein Wirtschaftswachstum – gemessen am Bruttoinlandsprodukt (BIP) – von 1,0 bis 1,5 % erwartet.

Statistisch lässt sich das BIP nach seiner Entstehung und seiner Verwendung ermitteln. Für das abgelaufene Jahr stehen folgende Daten zur Verfügung.

• Private Konsumausgaben	1.304,2 Mrd. EUR
• Land- und Forstwirtschaft, Fischerei	21,7 Mrd. EUR
• Konsumausgaben des Staates	412,9 Mrd. EUR
• Handel, Gastgewerbe, Verkehr	631,2 Mrd. EUR
• Außenbeitrag	108,9 Mrd. EUR
• Öffentliche und private Dienstleister	450,0 Mrd. EUR
• Investitionen	379,4 Mrd. EUR
• Produzierendes Gewerbe und Baugewerbe	500,3 Mrd. EUR
• Finanzierung, Vermietung und Unternehmensdienstleistungen	581,4 Mrd. EUR

Ermitteln Sie das Bruttoinlandsprodukt (BIP) in Mrd. EUR für das abgelaufene Jahr, indem Sie die Verwendungsrechnung aufstellen.

Tragen Sie das Ergebnis in die Kästchen ein. ⇨ ☐.☐☐☐,☐ Mrd. EUR

Aufgabe 164

In einer geschlossenen Volkswirtschaft mit den Wirtschaftssektoren private Haushalte, Unternehmen, Staat und Kapitalsammelstellen (Banken) fließen die nachfolgenden monetären Ströme.

Monetäre Ströme in einer geschlossenen Volkswirtschaft (GE = Geldeinheiten):

• Bruttoarbeitseinkommen	2.000 GE
• Subventionen an Unternehmen	200 GE
• Privater Konsum	1.500 GE
• Staatlicher Konsum	600 GE
• Steuern und Sozialversicherungsbeiträge der privaten Haushalte	350 GE
• Leistungen der Sozialversicherungsträger an private Haushalte	150 GE
• Steuern und Sozialversicherungsbeiträge der Unternehmen	300 GE
• Zinsen an private Haushalte	100 GE

Berechnen Sie die Sparquote der privaten Haushalte in % und runden Sie Ihr Ergebnis auf zwei Stellen nach dem Komma.

Tragen Sie das Ergebnis in die Kästchen ein. ⇨ ☐☐,☐☐ %

Situation zu den Aufgaben 165 und 166

Die Verwendung des Bruttoinlandsprodukts zeigt unter anderem, von welchen Wirtschaftsbereichen die produzierten Güter und Dienstleistungen verbraucht werden.

Wichtige gesamtwirtschaftliche Größen (Auszug) in Mrd. EUR	Jahr 01	Jahr 02
1. Private Konsumausgaben	1.312,53	1.330,98
2. Konsumausgaben des Staates	412,76	414,75
3. Ausrüstungen	149,37	153,85
4. Bauten	210,70	204,97
5. Sonstige Anlagen	24,87	25,22
6. Vorratsveränderungen	– 4,04	– 1,30
Inländische Verwendung	2.106,19	2.131,07
Bruttoinlandsprodukt	2.215,65	2.244,00

Aufgabe 165

Ermitteln Sie die Wachstumsrate des Bruttoinlandsprodukts im Jahr 02 in % (Ergebnis auf eine Stelle nach dem Komma runden).

Tragen Sie das Ergebnis in die Kästchen ein. ⇨ ☐,☐ %

Aufgabe 166

Ermitteln Sie den Außenbeitrag für das Jahr 02 in Mrd. EUR.

Tragen Sie das Ergebnis in die Kästchen ein. ⇨ ☐☐☐,☐☐ Mrd. EUR

Situation zu den Aufgaben 167 und 168

Folgende Daten liegen für den genannten Zeitraum vor:

Wichtige gesamtwirtschaftliche Größen (in Mrd. EUR)		
Gegenstand der Nachweisung	**Jahr 01**	**Jahr 02**
Bruttoinlandsprodukt	2.215,65	2.244,00
Konsumausgaben	1.725,29	1.745,73
• Private Konsumausgaben	1.312,53	1.330,98
• Konsumausgaben Staat	412,76	414,75
Bruttoanlageinvestitionen	384,94	384,04
Inländische Verwendung von Gütern	2.106,19	2.131,07
• Exporte	842,84	900,89
• Importe	733,38	787,96
Bruttonationaleinkommen	2.216,00	2.248,71
Volkseinkommen	1.658,32	1.684,50
• Arbeitnehmerentgelt	1.134,49	1.128,87
• Unternehmens- und Vermögenseinkommen	523,83	555,63
Index des Bruttoinlandsprodukts (BIP) (preisbereinigt)	102,76	103,65

Aufgabe 167

Ermitteln Sie für das Jahr 02 mithilfe der voranstehenden Tabelle die Veränderungsrate des BIP (preisbereinigt) in Prozent. Ergebnisse jeweils auf zwei Stellen nach dem Komma runden.

Tragen Sie das Ergebnis in die Kästchen ein. ⇨ ☐,☐☐ %

Aufgabe 168

Ermitteln Sie für das Jahr 02 mithilfe der voranstehenden Tabelle die Lohnquote. Ergebnisse jeweils auf zwei Stellen nach dem Komma runden.

Tragen Sie das Ergebnis in die Kästchen ein. ⇨ ☐☐,☐☐ %

Aufgabe 169

Ermitteln Sie für das Jahr 02 mithilfe der voranstehenden Tabelle die Gewinnquote. Ergebnisse jeweils auf zwei Stellen nach dem Komma runden.

Tragen Sie das Ergebnis in die Kästchen ein. ⇨ ☐☐,☐☐ %

Aufgabe 170

Ermitteln Sie den Außenbeitrag für das Jahr 02 mithilfe der voranstehenden Tabelle.

Tragen Sie das Ergebnis in die Kästchen ein. ⇨ ☐☐☐,☐☐ %

Aufgabe 171

Ermitteln Sie aus den folgenden Werten der Verwendungsrechnung einer europäischen Volkswirtschaft das Bruttoinlandsprodukt.

• Private Konsumausgaben	1.500 Mrd. EUR
• Staatliche Konsumausgaben	600 Mrd. EUR
• Bruttoinvestitionen: 410 Mrd. EUR, davon Nettoinvestitionen	190 Mrd. EUR
• Exporte	250 Mrd. EUR
• Importe	110 Mrd. EUR

Tragen Sie das Ergebnis in die Kästchen ein. ⇨ ☐.☐☐☐,☐☐ Mrd. EUR

Aufgabe 172

Stellen Sie fest, welche der folgenden Personen gemäß der Definition von Arbeitslosigkeit der Bundesagentur für Arbeit arbeitslos ist.

1. Ein kaufmännischer Angestellter, verheiratet, zwei Kinder, gibt seine Stelle auf. Er wird künftig ganz im Haushalt arbeiten, da seine Frau eine erfolgreiche Ärztin ist.
2. Einem Kaufmann für Spedition und Logistikdienstleistungen, ist aufgrund einer Umstrukturierungsmaßnahme seines Arbeitgebers gekündigt worden. Daraufhin bemüht er sich um eine neue Stelle unter Mithilfe des Arbeitsamtes.
3. Ein Bankkaufmann, wird durch einen Verkehrsunfall so schwer verletzt, dass er dauerhaft arbeitsunfähig ist.
4. Eine junge Frau möchte nach ihrer Elternzeit wieder in Teilzeit arbeiten und studiert zunächst einmal die Stellenanzeigen.
5. Eine Studentin bereitet sich auf ihr Diplom in Soziologie vor. Sie hat noch keine Arbeitsstelle im Anschluss an den Abschluss ihres Studiums.

Tragen Sie die Ziffer vor der zutreffenden Aussage in das Kästchen ein. ⇨ ☐

Situation zu den Aufgaben 173 und 174

Sie entnehmen den Wirtschaftsmedien die folgende Übersicht:

Kosten der Lebenshaltung August 20..	Anteil am Gesamtindex	Veränderung in Prozent zum:		
		Preisindex (2020 = 100)	Vorjahreszeitraum	Vormonat
Gesamtindex aller Haushalte	100	106,0	+ 1,4	− 0,2
Nahrungsmittel, alkoholfreie Getränke	9,7	107,7	+ 2,3	+ 0,2
Alkohol, Tabak	3,8	111,1	+ 2,1	0,0
Bekleidung, Schuhe	4,5	99,5	+ 1,3	+ 0,1
Wohnung, Strom, Heizung	32,5	105,0	+ 1,7	0,0
Haushaltsführung	5,0	102,3	+ 0,8	− 0,1
Gesundheitspflege	4,6	104,6	+ 1,0	+ 0,1
Verkehr	12,9	107,0	+ 0,9	− 0,6
Kommunikation	2,7	95,7	− 0,6	0,0
Freizeit, Kultur, Sport	11,3	110,5	+ 0,2	− 0,8
Bildungswesen	0,9	101,7	+ 1,1	− 0,9
Hotel, Cafe, Restaurant	4,7	110,2	+ 2,7	+ 0,1
Andere Waren, Dienstleistungen	7,4	106,2	+ 2,4	+ 0,2

Aufgabe 173

Stellen Sie fest, welche Aussage die Werte in der Übersicht **korrekt wiedergibt.**

1. Für Ausgaben in Hotels, Cafés und Restaurants mussten die Haushalte innerhalb eines Jahres die geringste Preissteigerung hinnehmen.
2. Im Vergleich zum Vormonat steigen die Preise für Kommunikation am stärksten.
3. Für Wohnung, Strom und Heizung geben die Haushalte den größten Anteil ihrer Einkommen aus.
4. Seit 2020 sind die Preise für die gleichen Waren und Dienstleistungen durchschnittlich um 1,4 % gestiegen.
5. Seit 2020 beträgt der Kaufkraftverlust durchschnittlich 6 %.

Tragen Sie die Ziffer vor der zutreffenden Aussage in das Kästchen ein. ⇨ ☐

Aufgabe 174

Ermitteln Sie den Preisindex vom Vorjahr. Runden Sie Ihr Ergebnis auf eine Stelle nach dem Komma.

Tragen Sie das Ergebnis in die Kästchen ein. ⇨ ☐☐☐,☐

Aufgabe 175

In einer Volkswirtschaft führen Veränderungen bestimmter volkswirtschaftlicher Größen auch zur Veränderung des Geldwerts.

Ordnen Sie die vorgegebenen möglichen Wirkungen den angegebenen Sachverhalten zu:

Wirkungen

1. Inflationäre Wirkung auf das Preisniveau
2. Deflationäre Wirkung auf das Preisniveau
3. Stabilisierende Wirkung auf das Preisniveau

Sachverhalte

a)	Inländische private Haushalte erhöhen bei niedrigem Wirtschaftswachstum erheblich ihre Sparleistungen, während gleichzeitig die Auslandsnachfrage sinkt	⇨ ☐
b)	Die Tarifpartner handeln Lohn- und Gehaltserhöhungen aus, die dem Produktivitätszuwachs entsprechen.	⇨ ☐
c)	Die Geldmenge M 3 wächst stärker als das nominale Bruttoinlandsprodukt (BIP).	⇨ ☐
d)	Aufgrund einer Senkung der Lohn- und Einkommensteuersätze entsteht bei ausgelasteten Produktionskapazitäten am Konsumgütermarkt ein Nachfrageschub.	⇨ ☐

Aufgabe 176

Der vom Statistischen Bundesamt ermittelte Verbraucherpreisindex hat die Aufgabe, die durchschnittliche Preisentwicklung zwischen zwei Zeitpunkten darzustellen.

Stellen Sie fest, welche der folgenden Aussagen in diesem Zusammenhang richtig sind.

1. Das Statistische Bundesamt stellt ein ungewichtetes, von den privaten Haushalten gekauftes typisches Güterbündel in einem Warenkorb zusammen.
2. Durch die jährliche Anpassung des Warenkorbs gelingt eine zeitnahe repräsentative Abbildung der Verbrauchsstruktur.
3. Die Höhe und Struktur der Ausgaben der privaten Haushalte für Waren und Dienstleistungen werden vom Statistischen Bundesamt geschätzt.
4. Als Basisjahr wird jeweils das Jahr mit dem geringsten Zuwachs des Bruttoinlandsprodukts gewählt, um vergleichbare Zahlenreihen zu erhalten.
5. Die Steigerung der Lebenshaltungskosten eines individuellen Haushalts entspricht exakt der Entwicklung des Verbraucherpreisindexes.

Tragen Sie die Ziffern vor den zutreffenden Aussagen in die Kästchen ein. ⇨ ☐ ☐

Aufgabe 177

In den Wirtschaftsmedien lesen Sie die folgende Überschrift über einer Wirtschaftsnachricht:

„Binnenkonjunktur schwächt Import"

Stellen Sie fest, welche der folgenden Aussagen im Zusammenhang mit dieser Überschrift richtig sind.

1. Wenn die Produktion im Inland zurückgeht, importieren ausländische Kunden als Folge weniger Waren aus Deutschland.
2. Im Konjunkturaufschwung nehmen sowohl die Produktion als auch der inländische Konsum zu. Deshalb werden weniger Waren importiert.
3. Eine schwache Binnenkonjunktur führt auch zu geringeren Einfuhren.
4. Die privaten Haushalte kaufen aufgrund gestiegener Einkommen insbesondere hochwertige inländische Produkte und meiden den Kauf ausländischer Güter.
5. Bei einer geschwächten Binnenkonjunktur nehmen die Ausgaben für Auslandsreisen zu. Als Folge stehen weniger Mittel für den Warenimport zur Verfügung.
6. In Deutschland spielt der Import von Rohstoffen eine bedeutende Rolle. Deshalb wirkt sich ein konjunktureller Rückgang unmittelbar auf die Importe aus.

Tragen Sie die Ziffern vor den zutreffenden Aussagen in die Kästchen ein. ⇨ ☐ ☐

Aufgabe 178

In der Volkswirtschaftlichen Gesamtrechnung gibt es Berechnungen mit den folgenden Positionen.

Bringen Sie die genannten Positionen – **ausgehend vom Bruttoinlandsprodukt** – durch das Eintragen der Ziffern 1 bis 6 in die Kästchen in die richtige Reihenfolge.

a) Abschreibungen ⇨ ☐

b) +/− Saldo der Primäreinkommen zwischen Inländern und der übrigen Welt ⇨ ☐

c) +/– Abgaben/Subventionen an Unternehmen	⇨ ☐
d) Nettonationaleinkommen	⇨ ☐
e) Volkseinkommen	⇨ ☐
f) Bruttonationaleinkommen	⇨ ☐

Aufgabe 179

Der nachfolgende Wirtschaftskreislauf zeigt die Geldströme zwischen den beteiligten Wirtschaftssubjekten.

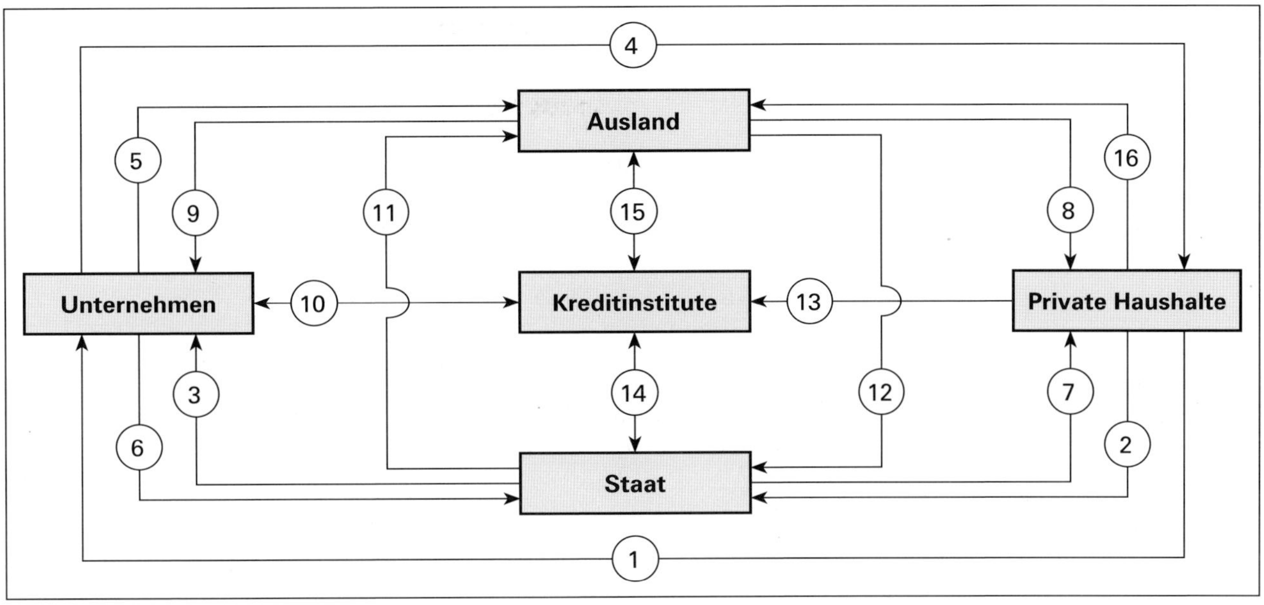

Ordnen Sie den nachfolgenden Aktivitäten der Wirtschaftssubjekte die zutreffenden Geldströme des Wirtschaftskreislaufes richtig zu, indem Sie die entsprechende Ziffer des Geldstromes jeweils in das Kästchen eintragen.

a) Die Merkurbank eG zahlt Zinsen für Spareinlagen an ihre Privatkunden.	⇨ ☐
b) Einige Mitarbeiter der Merkurbank eG erhalten Kindergeld.	⇨ ☐
c) Die Merkurbank eG gewährt der Walterscheid GmbH einen Betriebsmittelkredit.	⇨ ☐
d) Eine Mitarbeiterin der Merkurbank eG kauft einen neuen Pkw.	⇨ ☐
e) Die Walterscheid GmbH erhält die Gutschrift für einen Warenexport in die USA.	⇨ ☐
f) Die Walterscheid GmbH überweist die monatliche Umsatzsteuer-Zahllast.	⇨ ☐

Situation zu den Aufgaben 180 bis 182

In einer Volkswirtschaft führen verschiedene Gruppen von Wirtschaftssubjekten in einem bestimmten Zeitraum folgende wirtschaftliche Aktivitäten aus:

1. Der Staat zahlt an private Anleger Zinsen für Staatsschuldverschreibungen in Höhe von 5.000,00 EUR.
2. Urlauber geben an ausländischen Badeorten 18.000,00 EUR aus.
3. Der Staat zahlt BAföG in Höhe von 80.000,00 EUR.
4. Die privaten Haushalte zahlen Sozialversicherungsbeiträge in Höhe von 183.000,00 EUR.
5. Private Haushalte geben für ihren täglichen Bedarf 552.000,00 EUR aus.
6. Private Haushalte werden mit Einkommensteuer in Höhe von 190.000,00 EUR belastet.
7. Der Staat zahlt Kindergeld in Höhe von 15.000,00 EUR.
8. Unternehmen zahlten Bruttolöhne und -gehälter in Höhe von 880.000,00 EUR.

Aufgabe 180

Berechnen Sie aufgrund dieser Geldströme das frei verfügbare Einkommen der privaten Haushalte in EUR.

Tragen Sie das Ergebnis in die Kästchen ein. ⇨ ☐☐☐.☐☐☐,☐☐ EUR

Aufgabe 181

Berechnen Sie aufgrund dieser Geldströme, wie viel Prozent ihres frei verfügbaren Einkommens die privaten Haushalte sparen (Sparquote).

Tragen Sie das Ergebnis in die Kästchen ein. ⇨ ☐,☐ %

Aufgabe 182

Stellen Sie fest, bei welchen der vorgenannten wirtschaftlichen Aktivitäten es sich um Transferzahlungen handelt.

Tragen Sie die Ziffern vor den zutreffenden Aussagen in die Kästchen ein. ⇨ ☐ ☐

Aufgabe 183

Stellen Sie fest, welche der folgenden Aussagen zum Bruttoinlandsprodukt (BIP) der Bundesrepublik Deutschland zutreffend sind.

1. Schattenwirtschaftliche Tätigkeiten werden über Schätzungen in das BIP einbezogen.
2. Das BIP unterscheidet sich in seiner Höhe vom Bruttonationaleinkommen durch den Saldo der Primäreinkommen zwischen Inländern und der übrigen Welt.
3. Im BIP sind die unentgeltlich erbrachten Leistungen des Staates nicht enthalten.
4. Bei der Ermittlung des realen BIP werden die tatsächlich erzielten Marktpreise als Bezugsgröße zugrunde gelegt.
5. Den Unterschied zwischen nominalen und realen BIP bestimmt der Saldo der Primäreinkommen mit dem Ausland.
6. Das BIP erfasst die wirtschaftlichen Leistungen aller Inländer, unabhängig davon, ob sie im Inland oder Ausland erbracht werden.

Tragen Sie die Ziffern vor den zutreffenden Aussagen in die Kästchen ein. ⇨ ☐ ☐

Situation zu den Aufgaben 184 bis 187

Die angegebenen Daten zum Modell des erweiterten Wirtschaftskreislaufs werden zugrunde gelegt. Dabei gilt, dass alle Wirtschaftssektoren die eingenommenen Gelder dem Kreislauf wieder zuführen.

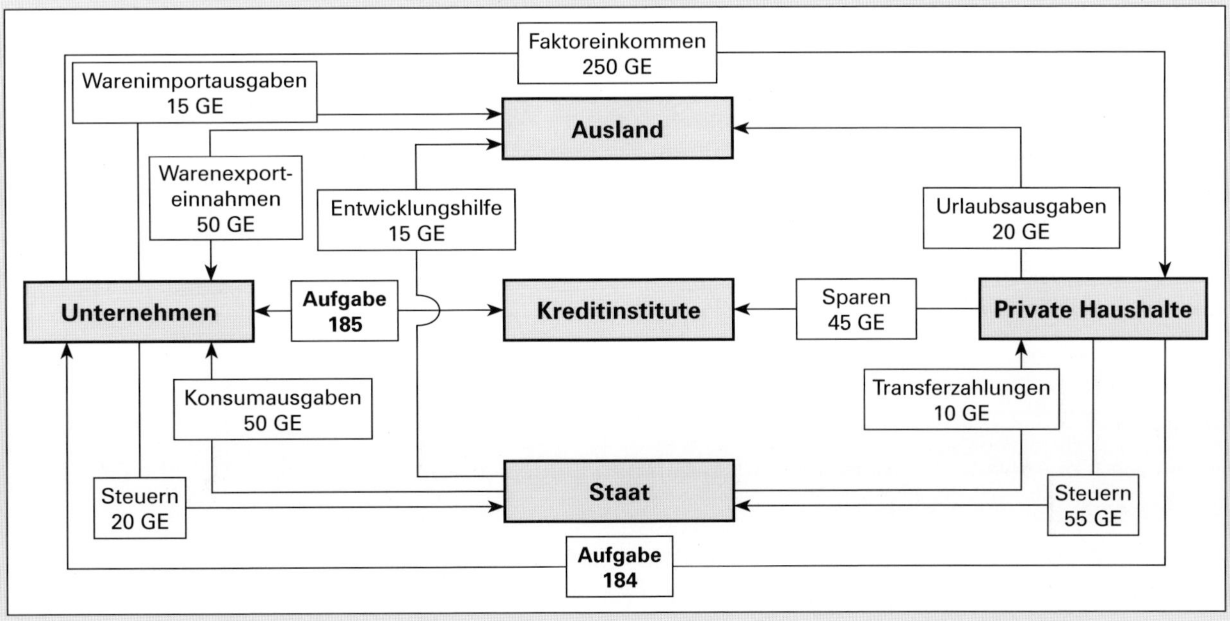

Aufgabe 184

Ermitteln Sie in Geldeinheiten (GE) den inländischen Konsum der privaten Haushalte.

Tragen Sie das Ergebnis in die Kästchen ein. ⇨ ☐☐☐ GE

Aufgabe 185

Ermitteln Sie in Geldeinheiten (GE) die Investitionen der Unternehmen.

Tragen Sie das Ergebnis in die Kästchen ein. ⇨ ☐☐ GE

Aufgabe 186

Es wird davon ausgegangen, dass ausschließlich die im Wirtschaftskreislauf aufgeführten Transaktionen mit dem Ausland getätigt wurden. Ermitteln Sie den Saldo der Handelsbilanz.

Tragen Sie den von Ihnen errechneten Saldo in die Kästchen ein und zusätzlich in das Kästchen hinter dem Saldo eine ①, wenn der Saldo positiv ist, oder eine ②, wenn der Saldo negativ ist.

Tragen Sie das Ergebnis in die Kästchen ein. ⇨ ☐☐ GE / ☐

Aufgabe 187

Stellen Sie fest, welche der folgenden Aussagen den Saldo der Kapitalbilanz zutreffend beschreibt.

Der Saldo der Kapitalbilanz ist ...

1. ... negativ, da die Kapitalimporte höher als die Kapitalexporte waren.

2. ... negativ, da die Kapitalexporte höher als die Kapitalimporte waren.

3. ... positiv, da die Kapitalimporte höher als die Kapitalexporte waren.

4. ... positiv, da die Kapitalexporte höher als die Kapitalimporte waren.

5. ... ausgeglichen, da die Kapitalexporte gleich den Kapitalimporten waren.

Tragen Sie die Ziffer vor der zutreffenden Aussage in das Kästchen ein. ⇨ ☐

Aufgabe 188

Vor dem Hintergrund der weltweiten Wirtschaftslage gibt es auch Rezessionsängste im Euroraum.

Bereits in zwei aufeinanderfolgenden Quartalen ist das Bruttoinlandsprodukt in Deutschland im Vergleich zu den Vorjahresquartalen nicht gewachsen.

Stellen Sie fest, welche Aussage Hinweise auf eine Rezession zutreffend beschreibt.

1. Die volkswirtschaftliche Binnennachfrage ist größer als das Angebot.

2. Zahlreiche Großunternehmen beschließen für eine Vielzahl ihrer Beschäftigten Kurzarbeit.

3. Die Europäische Zentralbank (EZB) erhöht ihren Leitzins um einen Viertel-Prozentpunkt.

4. Die Lieferfristen für Waren verlängern sich.

5. Die Steuerprognose geht davon aus, dass die Steuereinnahmen steigen.

Tragen Sie die Ziffer vor der zutreffenden Aussage in das Kästchen ein. ⇨ ☐

Situation zu den Aufgaben 189 und 190

Sie lesen in den Wirtschaftsmedien folgende Überschrift:

„Die Lohnquote ist in den letzten Jahren kontinuierlich gesunken."

Aufgabe 189

Stellen Sie fest, welcher der folgenden Gründe für diese negative Entwicklung der Lohnquote maßgeblich zutreffend sein kann.

Die Lohnquote kann in den letzten Jahren deshalb gesunken sein, weil ...

1. ... die Unternehmen aufgrund ihrer stark verschlechterten Gewinnsituation – abweichend vom Tarifvertrag – nicht in der Lage waren, höhere Löhne zu zahlen.

2. ... die Tarifpartner geringe prozentuale Lohnanpassungen vereinbarten, um die wirtschaftliche Entwicklung der deutschen Unternehmen nicht zu gefährden.

3. ... die Bundesregierung aufgrund ihrer übergeordneten Position den Gewerkschaften eine Obergrenze für Lohnsteigerungen gesetzlich verordnet hat.

4. ... flächendeckend Vereinbarungen zwischen Arbeitgeberverbänden und Gewerkschaften getroffen wurden, die überproportional Lohnerhöhungen zum Gegenstand hatten.

5. ... der Anteil der abhängig Beschäftigten an der Gesamtzahl der Erwerbstätigen gestiegen ist, ohne dass sich an den Einkommensverhältnissen etwas geändert hat.

Tragen Sie die Ziffer vor der zutreffenden Aussage in das Kästchen ein. ⇨ ☐

Aufgabe 190

Ermitteln Sie aus der nebenstehenden Aufstellung aus einem Monatsbericht der Deutschen Bundesbank die Lohnquote in Prozent für das Jahr 20..

Runden Sie das Ergebnis auf eine Stelle nach dem Komma und tragen Sie das Ergebnis in die Kästchen ein.

Position	in Mrd. EUR
Bruttoinlandsprodukt	2.422,9
Private Konsumausgaben	1.373,7
Konsumausgaben des Staates	435,6
Investitionen	442,6
Exporte	1.137,2
Importe	966,2
Arbeitnehmerentgelt	1.183,6
Unternehmens- und Vermögenseinkommen	643,5

Lohnquote in %. ⇨ ☐☐,☐ %

Situation zu den Aufgaben 191 und 192

Für die Bundesrepublik Deutschland ergaben sich für die Jahre 01 und 02 folgende Zahlen:

Verwendung des Bruttoinlandsprodukts					
in jeweiligen Preisen (Mrd. EUR)	**Jahr 01**	**Jahr 02**	**Preise (Jahr 2020 = 100)**	**Jahr 01**	**Jahr 02**
private Konsumausgaben	1.373,7	1.404,6	private Konsumausgaben	110,8	113,2
Bruttoinlandsprodukt	2.422,9	2.491,4	Bruttoinlandsprodukt	108,1	109,8

Aufgabe 191

Ermitteln Sie die prozentuale Veränderung des nominalen Bruttoinlandsprodukts des Jahres 02 zum Jahr 01.

Runden Sie das Ergebnis auf zwei Stellen nach dem Komma.

Tragen Sie das Ergebnis in die Kästchen ein. ⇨ ☐,☐☐ %

Aufgabe 192

Das Bruttoinlandsprodukt ist ein wichtiger Indikator für die wirtschaftliche Leistung der Volkswirtschaft der Bundesrepublik Deutschland.

Stellen Sie fest, welche der folgenden Aussagen den Sachverhalt der in der Situation aufgeführten Daten zutreffend beschreiben.

1. Das Bruttoinlandsprodukt ist im Jahr 02 gegenüber dem Vorjahr real um 68,5 Mrd. EUR gestiegen.
2. Das Bruttoinlandsprodukt ist im Jahr 02 gegenüber dem Jahr 01 nominal gestiegen. Damit stieg auch der Wohlstand der Bevölkerung um den gleichen Wert.
3. Das Bruttoinlandsprodukt sank im Jahr 02 gegenüber dem Jahr 01 real und nominal.
4. Die privaten Konsumausgaben waren im Jahr 01 höher als im Jahr 02.
5. Im Jahr 01 und im Jahr 02 wurde der größte prozentuale Anteil des Bruttoinlandsprodukts für den privaten Konsum verwendet.
6. Die Preissteigerungen bei den privaten Konsumausgaben machten von 2015 bis im Jahr 01 insgesamt 10,8 % aus.

Tragen Sie die Ziffern vor den zutreffenden Aussagen in die Kästchen ein. ⇨ ☐ ☐

Aufgabe 193

Im Folgenden ist der vereinfachte Wirtschaftskreislauf modellhaft abgebildet.

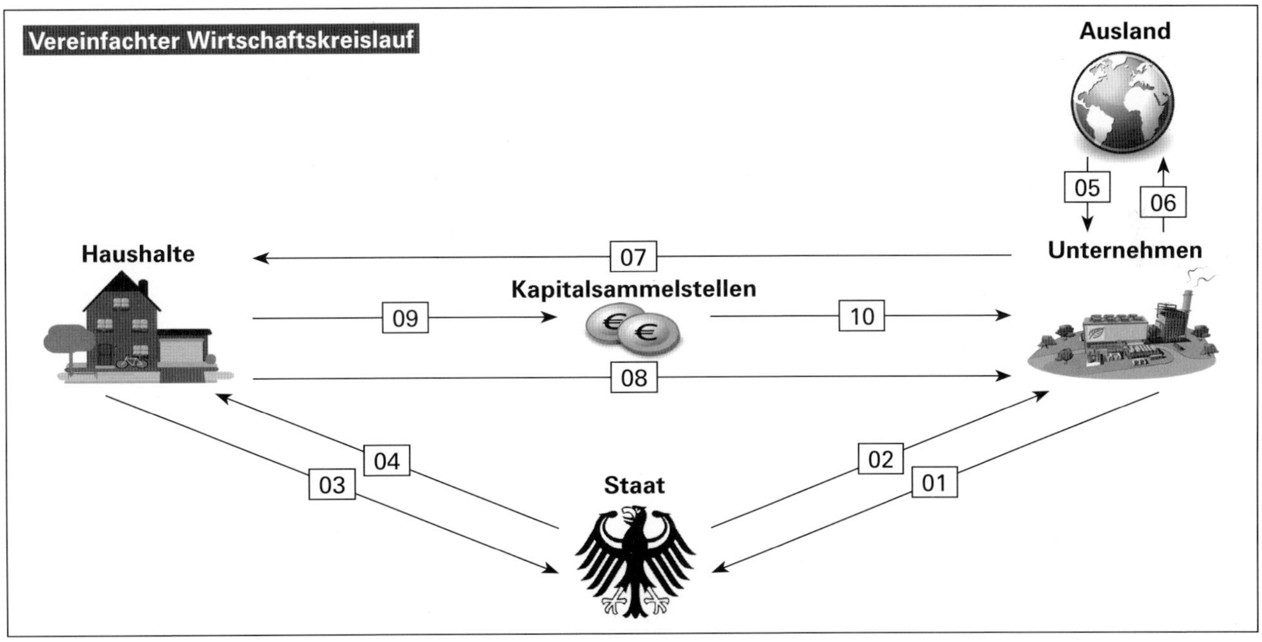

Ordnen Sie die Ziffern in der Abbildung des vereinfachten Wirtschaftskreislaufs jeweils den nachstehenden Geldströmen zu.

Geldströme

a) Ein deutsches Unternehmen beteiligt sich an einem kanadischen Chemieunternehmen. ⇨ ☐

b) Gehälter für Polizisten werden bezahlt. ⇨ ☐

c) Ein deutsches Unternehmen exportiert Maschinenbauteile ins Ausland, die direkt an den Exporteur bezahlt werden. ⇨ ☐

d) Um Arbeitsplätze in strukturschwachen Gegenden zu schaffen, gewährt der Staat Subventionen.	⇨ ☐
e) Der Vorsteuerüberhang wird überwiesen.	⇨ ☐
f) Die Sozialversicherungsabgaben der Arbeitnehmer werden an die Sozialversicherungsträger abgeführt.	⇨ ☐

12 Beschäftigungspolitik

Aufgabe 194

Stellen Sie fest, um welche Art der Arbeitslosigkeit es sich in den nachstehenden Sachverhalten handelt.

Tragen Sie die Ziffer vor der jeweils zutreffenden Art von Arbeitslosigkeit in die Kästchen ein.

Arten der Arbeitslosigkeit

1. Saisonal
2. Friktionell
3. Konjunkturell
4. Strukturell

Sachverhalte

a) Das Bundesland Bremen weist im Vergleich zu den anderen deutschen Bundesländern die höchste Arbeitslosenquote auf.	⇨ ☐
b) Durch kurzfristige Anpassungsschwierigkeiten eines Betriebes an veränderte Marktbedingungen kommt es in einem Betrieb zu Entlassungen.	⇨ ☐
c) In der gesamten Wirtschaft ist eine Verringerung der Nachfrage festzustellen, was zu einer Zunahme der Entlassungen von Arbeitskräften führt.	⇨ ☐
d) In einem frostreichen Winter kommt es bedingt durch die Witterung zu vorübergehenden Entlassungen in der Baubranche.	⇨ ☐
e) Da die Kunden der Merkurbank eG zunehmend Onlinebanking nutzen, werden Arbeitsplätze in den Filialen der Merkurbank eG abgebaut.	⇨ ☐

Aufgabe 195

In Deutschland wird seit etlichen Jahren das Fehlen von Fachkräften in den unterschiedlichsten Branchen beklagt. Stellen Sie fest, welche der folgenden staatlichen Maßnahmen zur Beschaffung von Fachkräften geeignet ist, um dem Fachkräftemangel entgegenzuwirken.

1. Senkung der Umsatzsteuer
2. Senkung des Grundfreibetrags bei der Einkommensteuer
3. Erhöhung der Beitragssätze zur gesetzlichen Sozialversicherung
4. Gesetzliche Einschränkung des Rechts der Arbeitnehmer auf Fort- und Weiterbildung
5. Erleichterung des Zuzugs von Arbeitskräften aus dem Ausland

Tragen Sie die Ziffer vor der zutreffenden Aussage in das Kästchen ein.	⇨ ☐

Aufgabe 196

Welche der folgenden Arten der Arbeitslosigkeit sind den nachstehenden Sachverhalten zuzuordnen?

Tragen Sie die Ziffer vor der jeweils zutreffenden Art der Arbeitslosigkeit in das Kästchen ein.

Arten der Arbeitslosigkeit

1. Konjunkturelle Arbeitslosigkeit
2. Strukturelle Arbeitslosigkeit
3. Saisonale Arbeitslosigkeit

Sachverhalte

a) Neuerungen im Produktionsablauf sind mit dem verstärkten Einsatz von Industrierobotern und gleichzeitig mit der Freisetzung von Arbeitskräften verbunden.	⇨ ☐
b) Durch die rückläufige Entwicklung der gesamtwirtschaftlichen Nachfrage entlassen Unternehmen der Konsumgüterindustrie Arbeitskräfte.	⇨ ☐
c) Aufgrund der verstärkten Konkurrenz aus dem Ausland werden in der Textilindustrie Arbeitsplätze abgebaut.	⇨ ☐
d) Die Gastronomie in den bayerischen Urlaubsorten baut jedes Jahr in den Monaten April und November Köche und Servicepersonal ab.	⇨ ☐
e) Die gesamtwirtschaftliche Kapazitätsauslastung entwickelt sich rückläufig und führt zur Freisetzung von Arbeitskräften.	⇨ ☐
f) Da immer mehr Kunden ihre Finanzgeschäfte über Homebanking abwickeln, werden in der Kreditwirtschaft Arbeitskräfte entlassen.	⇨ ☐

Aufgabe 197

Bei der Ermittlung der Arbeitslosenquote wird eine Reihe von Sachverhalten nicht angemessen oder gar nicht berücksichtigt. Dadurch wird die Aussagekraft dieser Quote beeinträchtigt.

Stellen Sie fest, welche der folgenden Sachverhalte zur Ermittlung der Arbeitslosenquote zutreffend sind.

1. Saison-Kurzarbeiter, die in Höhe des Arbeitslosengelds Saison-Kurzarbeitergeld erhalten, werden nicht als Arbeitslose gezählt.
2. Personen, die in unterschiedlichen arbeitsmarktpolitischen Maßnahmen untergebracht sind, werden weiterhin in der Arbeitslosenquote erfasst.
3. Durch Personen, die arbeitslos gemeldet sind und ihren Lebensunterhalt mit Schwarzarbeit bestreiten, wird die Arbeitslosenquote verringert.
4. Arbeitslose, die als arbeitsunfähig bei der Bundesagentur für Arbeit gemeldet sind, werden aus der Arbeitslosenstatistik herausgenommen.
5. Fehlende Kinderbetreuungsmöglichkeiten verhindern die Aufnahme einer Beschäftigung. Die betroffenen Eltern stehen dem Arbeitsmarkt damit nicht zur Verfügung. Sie werden jedoch trotzdem als arbeitslos erfasst.
6. Unter Berücksichtigung der verdeckten Arbeitslosigkeit wäre die Arbeitslosenquote um einige Prozentpunkte niedriger.

Tragen Sie die Ziffern vor den zutreffenden Aussagen in die Kästchen ein. ⇨ ☐ ☐

Aufgabe 198

Stellen Sie fest, welche der folgenden Aussagen im Zusammenhang mit der Einkommensverteilung richtig sind.

1. Das Statistische Bundesamt unterscheidet bei der Entstehungsrechnung die drei Bereiche Arbeitnehmerentgelte, Unternehmens- und Vermögenseinkommen.
2. Die Steuerprogression bei den direkten Steuern hat keine Auswirkung auf die Einkommensverteilung.
3. Eine Erhöhung der Pro-Kopf-Lohnquote kann nur durch die Verringerung der Zahl der Beschäftigten erreicht werden.
4. Die Höhe der indirekten Steuern beeinflusst die Einkommensverteilung nicht.
5. Die staatliche Sparförderung kann die Einkommensverteilung verändern, auch wenn nicht alle privaten Haushalte gleichermaßen profitieren können.
6. Transferzahlungen werden bei der Ermittlung des verfügbaren Einkommens der privaten Haushalte nicht berücksichtigt.

Tragen Sie die Ziffern vor den zutreffenden Aussagen in die Kästchen ein. ⇨ ☐ ☐

Aufgabe 199

Stellen Sie fest, welche der folgenden Transaktionen zutreffend eine mögliche Transferzahlung des Staates beschreibt.

1. Die Stadt Detmold unterstützt anteilig den Bau einer öffentlichen Sportanlage.
2. Ein Polizist zahlt für seinen privaten Pkw die Kraftfahrzeugsteuer.
3. Ein Mitarbeiter des Einwohnermeldeamts der Stadt Bochum erhält Kindergeld für zwei Kinder.
4. Ein Bürgermeister erhält einen neuen Dienstwagen.
5. Das Land Nordrhein-Westfalen begleicht die Rechnung eines Tiefbauunternehmens über den Ausbau einer Autobahn.

Tragen Sie die Ziffer vor der zutreffenden Aussage in das Kästchen ein. ⇨ ☐

---

13 Geldpolitik

Aufgabe 200

Im Europäischen System der Zentralbanken wird zur Liquiditätsversorgung der Kreditinstitute die Methode des Zinstenders (amerikanisches Verfahren) verwendet.

Stellen Sie fest, welche der folgenden Aussagen in diesem Zusammenhang richtig sind.

1. Alle Gebote unterhalb des marginalen Zuteilungssatzes werden bei diesem Verfahren zum jeweils gebotenen Zinssatz voll zugeteilt.
2. Beim Zinstender müssen die Kreditinstitute ihre Gebote sehr genau kalkulieren.
3. Der Mindestbietungssatz im Zinstenderverfahren orientiert sich am Zinssatz für die Einlagenfazilität.
4. Die Kreditinstitute orientieren sich bei ihren Geboten an ihrem langfristigen Kapitalbedarf.
5. Bei diesem Verfahren zahlen die Kreditinstitute, die eine Zuteilung erhalten, den von ihnen jeweils gebotenen Zinssatz.

6. Die Kreditinstitute berücksichtigen bei der Bestimmung des zu bietenden Zinssatzes nicht die erwarteten Zinssätze am Geldmarkt.

Tragen Sie die Ziffern vor den zutreffenden Aussagen in die Kästchen ein. ⇨ ☐ ☐

Aufgabe 201

Die Abbildung zeigt die Entwicklung der EZB-Zinssätze.

VI. Zinssätze

1. EZB-Zinssätze / Basiszinssätze

% p.a.

EZB-Zinssätze										Basiszinssätze			
		Hauptrefinanzierungsgeschäfte					Hauptrefinanzierungsgeschäfte						
Gültig ab	Einlagefazilität	Festsatz	Mindestbietungssatz	Spitzenrefinanzierungsfazilität	Gültig ab	Einlagefazilität	Festsatz	Mindestbietungssatz	Spitzenrefinanzierungsfazilität	Gültig ab	Basiszinssatz gemäß BGB 1)	Gültig ab	Basiszinssatz gemäß BGB 1)
2024 12. Juni	3,75	4,25	–	4,50	2025 5. Feb.	2,75	2,90	–	3,15	2023 1. Jan.	1,62	2025 1. Jan.	2,27
18. Sept. 2)	3,50	3,65	–	3,90	12. Mär.	2,50	2,65	–	2,90	1. Juli	3,12	1. Juli	1,27
23. Okt.	3,25	3,40	–	3,65	23. April	2,25	2,40	–	2,65				
18. Dez.	3,00	3,15	–	3,40	11. Juni	2,00	2,15	–	2,40	2024 1. Jan.	3,62		
										1. Juli	3,37		

1 Gemäß § 247 BGB. **2** Mit Wirkung zum 18. September 2024 wird die Spanne zwischen den Zinssätzen für die Hauptrefinanzierungsgeschäfte und für die Einlagefazilität auf 15 Basispunkte reduziert. Die Spanne zwischen den Zinssätzen für die Spitzenrefinanzierungsfazilität und für die Hauptrefinanzierungsgeschäfte bleibt unverändert bei 25 Basispunkten.

Quelle: Monatsbericht der Deutschen Bundesbank, September 2025, S.43*

Stellen Sie fest, welche der folgenden Aussage über die vom Europäischen System der Zentralbanken verwendeten Zinssätze in diesem Zusammenhang richtig ist.

1. Der Einlagesatz bildet in der Regel die Obergrenze für Sparbuchzinsen.

2. Zum Spitzenrefinanzierungssatz können sich Kreditinstitute von den nationalen Zentralbanken Übernachtliquidität beschaffen.

3. Der Einlagesatz ist der Satz, zu dem die Europäische Zentralbank Mindestreserven verzinst.

4. Der Hauptrefinanzierungssatz beim Zinstender nach dem amerikanischen Verfahren gibt den Zuteilungssatz an, zu dem allen Geschäftspartnern Liquidität zugeteilt wird.

5. Die Spanne zwischen den Zinssätzen für die Einlagefazilität und der Spitzenrefinanzierungsfazilität beträgt konstant 25 Basispunkte.

Tragen Sie die Ziffer vor der zutreffenden Aussage in das Kästchen ein. ⇨ ☐

Aufgabe 202

Wegen einer wachsenden Deflationsgefahr in einer Phase der Depression ergreifen die EZB und die Bundesrepublik Deutschland entsprechende Maßnahmen.

Stellen Sie fest, welches der folgenden Maßnahmenbündel zu einer Bekämpfung einer Deflation geeignet ist.

1. Heraufsetzen des Zinssatzes der Spitzenrefinanzierungsfazilität – Erhöhen der Abschreibungssätze.

2. Senken des Mindestreservesatzes – Erhöhen der öffentlichen Aufträge.

3. Heraufsetzen des Hauptrefinanzierungssatzes – Reduzieren der öffentlichen Aufträge.

4. Herabsetzen des Hauptrefinanzierungssatzes – Reduzieren der öffentlichen Aufträge.

5. Erhöhen des Mindestreservesatzes – Senkung der Einkommensteuer.

Tragen Sie die Ziffer vor der zutreffenden Aussage in das Kästchen ein. ⇨ ☐

Aufgabe 203

In den letzten Jahren wuchs die deutsche Volkswirtschaft besonders schwach. Zeitweise wurden daraufhin Befürchtungen laut, die deutsche Volkswirtschaft könnte – wie vor einigen Jahren die japanische Volkswirtschaft – in eine Deflation abrutschen.

Stellen Sie fest, welche der folgenden Aussagen zur Deflation in diesem Zusammenhang richtig ist.

1. Eine Deflation ist durch ein anhaltendes Sinken des allgemeinen Preisniveaus gekennzeichnet.
2. In den Phasen der Deflation wird aufgrund der niedrigen Verbraucherpreise langfristig ein nachhaltiger Nachfrageschub ausgelöst.
3. Eine Deflation ist im Regelfall mit dem Abbau von Arbeitslosigkeit verbunden.
4. Phasen der Deflation sind durch steigende Zinsen gekennzeichnet.
5. Eine Deflation ist bereits dann gegeben, wenn die Inflationsrate sinkt.

Tragen Sie die Ziffer vor der zutreffenden Aussage in das Kästchen ein. ⇨ ☐

Aufgabe 204

Die Sicherung der Geldwertstabilität ist ein wichtiges wirtschaftspolitisches Ziel, für das in der Europäischen Wirtschafts- und Währungsunion (EWU) die Europäische Zentralbank (EZB) verpflichtet ist. Die EZB plant, die sich abzeichnenden Inflationstendenzen frühzeitig zu bekämpfen.

Stellen Sie fest, mit welcher Vorgehensweise die EZB ihr Instrumentarium zielgerichtet einsetzt.

1. Die EZB verkauft Wertpapiere im Rahmen der Offenmarktpolitik, um die Liquidität der Kreditinstitute zu verknappen.
2. Die EZB senkt die Leitzinsen, um über günstigere Kredite die Investitionsbereitschaft der Unternehmen zu erhöhen.
3. Die EZB senkt die Leitzinsen, um über günstigere Kredite das Konsumverhalten der privaten Haushalte anzuregen.
4. Die EZB senkt den Mindestreservesatz, um die Liquidität der Kreditinstitute zu verknappen.
5. Die EZB senkt den Mindestreservesatz, um die Liquidität der Kreditinstitute zu erhöhen.

Tragen Sie die Ziffer vor der zutreffenden Aussage in das Kästchen ein. ⇨ ☐

Aufgabe 205

In einem Pressebericht heißt es:

> **Mindestreservesätze angehoben – derzeitiges Preisniveau ausschlaggebend**
>
> Die Währungshüter haben die Mindestreservesätze mit sofortiger Wirkung angehoben.
>
> Wie bereits seit einigen Wochen gefordert, hat die Europäische Zentralbank (EZB) die Mindestreservesätze mit sofortiger Wirkung angehoben. (...) Es bleibt zu hoffen, dass die in den letzten Monaten wieder angezogene Preisspirale durch diese die Geldmenge reduzierende Maßnahme wieder gedämpft werden kann.

Nehmen Sie an, diese Maßnahme reicht noch nicht aus, um die Preissteigerung einzudämmen.

Stellen Sie fest, welche weitere Möglichkeit sinnvoll wäre, um das in dem Artikel beschriebene Ziel zu erreichen.

1. Die EZB sollte den Basiszinssatz senken.
2. Die EZB sollte im Rahmen ihrer Offenmarktpolitik Wertpapiere verkaufen.
3. Die EZB sollte den Kreditinstituten höhere Spitzenrefinanzierungsfazilitäten anbieten.

4. Die EZB sollte bei gleichzeitig verringerten Zinssätzen die Möglichkeiten der Einlagefazilitäten einschränken.
5. Die EZB sollte den Wechselkurs gegenüber dem US-Dollar abwerten.

Tragen Sie die Ziffer vor der zutreffenden Aussage in das Kästchen ein. ⇨ ☐

Aufgabe 206

Über die Europäische Zentralbank (EZB) war folgende Pressenotiz zu lesen:

> „Die EZB wird für den Zeitraum vom 7. bis 13. Juli im Rahmen der Ausschreibung ihres Hauptrefinanzierungsgeschäfts mit einem Mindestbietungssatz von 3,75 % 252,5 Mrd. EUR anbieten. Die Zuteilung erfolgt nach amerikanischem Verfahren am 6. Juli. Die Valutierung ist für den Folgetag vorgesehen, an dem ein alter Tender über 256,0 Mrd. EUR ausläuft."

Stellen Sie fest, welches der folgenden Ziele die EZB mit dieser Maßnahme verfolgt.

1. Die EZB beabsichtigt, die Wirtschaft durch eine sogenannte „Konjunkturspritze" in Höhe von 252,5 Mrd. EUR anzukurbeln.
2. Die EZB beabsichtigt, einem zu erwartenden Engpass in der Liquiditätsversorgung der Kreditinstitute entgegenzuwirken.
3. Die EZB befürchtet deflationäre Tendenzen und reduziert deshalb mit diesem Tender die Liquiditätsversorgung der Kreditinstitute.
4. Die EZB verfolgt mit diesem Tender eine leicht restriktive Geldpolitik.
5. Aus der Pressenotiz kann keine Zielsetzung der EZB abgeleitet werden.

Tragen Sie die Ziffer vor der zutreffenden Aussage in das Kästchen ein. ⇨ ☐

Aufgabe 207

Der Preisindex für die Lebenshaltung aller privaten Haushalte (VPI) basiert auf dem sogenannten Warenkorb. Welche zwei Aussagen über den Warenkorb sind zutreffend?

1. Der Warenkorb enthält keine Dienstleistungen.
2. Die Preise für die Waren im Warenkorb werden jährlich neu erhoben.
3. Der Inhalt eines Warenkorbes orientiert sich am Verbrauch eines Durchschnittshaushalts.
4. Die Waren im Warenkorb werden jährlich neu zusammengestellt.
5. Im Warenkorb sind alle Waren gleich gewichtet.
6. Das Wägungsschema des Warenkorbes wird in der Regel alle 5 Jahre aktualisiert.

Tragen Sie die Ziffern vor den zutreffenden Aussagen in die Kästchen ein. ⇨ ☐ ☐

Aufgabe 208

In der Bundesrepublik Deutschland ist das Preisniveau im letzten Jahr stärker gestiegen als die Nettolöhne. Welche zwei der genannten Folgen hat diese Veränderung für die Arbeitnehmer?

1. Der Reallohn ist gestiegen.
2. Die Kaufkraft des Lohnes ist gestiegen.
3. Die Kaufkraft des Geldes ist gestiegen.

4. Die Kaufkraft des Geldes ist gesunken.

5. Der Reallohn ist gleichgeblieben.

6. Der Reallohn ist gesunken.

Tragen Sie die Ziffern vor den zutreffenden Aussagen in die Kästchen ein. ⇨ ☐☐

Situation zu den Aufgaben 209 und 210

Die Europäische Zentralbank (EZB) schreibt einen Zinstender aus. Vier Kreditinstitute geben die folgenden Gebote (in Mio. EUR) ab:

Zinssatz in %	Kreditinstitut A	Kreditinstitut B	Kreditinstitut C	Kreditinstitut D
3,80				5
3,79				10
3,78	5	5		10
3,77	10	10	15	10
3,76	10	10	20	20
3,75	15	12		20

Die EZB beschließt, 110 Mio. EUR zuzuteilen.

Aufgabe 209

Ermitteln Sie den marginalen Zinssatz.

Tragen Sie das Ergebnis in die Kästchen ein. ⇨ ☐,☐☐ % p.a.

Aufgabe 210

Ermitteln Sie den Betrag in Mio. EUR, den das Kreditinstitut C erhält.

Tragen Sie das Ergebnis in die Kästchen ein. ⇨ ☐☐ Mio. EUR

Aufgabe 211

Das ESZB wickelt die Hauptrefinanzierungsgeschäfte nach dem amerikanischen Zinstenderverfahren und nicht mehr nach dem Mengentenderverfahren ab.

Stellen Sie fest, welche der folgenden Aussagen zu diesen beiden Verfahren zutreffend ist.

1. Bei dem Zinstenderverfahren kann das ESZB den Zins im Gegensatz zum Mengentenderverfahren unmittelbar beeinflussen, wodurch eine bessere Marktkontrolle möglich ist.
2. Beim Mengentenderverfahren neigen die Kreditinstitute dazu, mehr Volumen zu bieten, sodass der gesamte Zuteilungsbetrag für alle Kreditinstitute immer größer wird.
3. Beim holländischen Zinstenderverfahren erfolgt die Zuteilung zum gewichteten durchschnittlichen Zinssatz.
4. Beim amerikanischen Zinstenderverfahren besteht für die Banken kein Anreiz, deutlich überhöhte Gebote abzugeben, da sie damit rechnen müssen, bis zum marginalen Zinssatz in voller Höhe zum Zuge zu kommen.
5. Beim Mengentenderverfahren kann das ESZB im Gegensatz zum Zinstenderverfahren die Zuteilungsmenge nicht selbst beeinflussen.

Tragen Sie die Ziffer vor der zutreffenden Aussage in das Kästchen ein. ⇨ ☐

Situation zu den Aufgaben 212 bis 214

Finanznachricht vom 09. 10. 20..

Beim einwöchigen Hauptrefinanzierungsgeschäft der Europäischen Zentralbank (EZB) mit einem Mindestbietungssatz von 4,00 % haben sich ein marginaler Zuteilungssatz von 4,04 % und ein gewogener Durchschnittssatz der Zuteilung von 4,06 % ergeben.

Die Bietungsspanne lag zwischen 4,00 % und 4,09 %, wie die EZB am Dienstag mitteilte.

Die 329 Institute boten insgesamt 373,286 Mrd. Euro, davon wurden 298,0 Mrd. Euro bedient. Die Repartierungsquote betrug 29,9442 %.

Das neue Geschäft mit einer Laufzeit von 8 Tagen wird am Mittwoch, 11. Oktober, valutiert, an dem ein alter Tender über 315,5 Mrd. Euro ausläuft.

Aufgabe 212

Stellen Sie fest, welche der folgenden Aussagen zu dem vorliegenden Bietungsverfahren seitens der Europäischen Zentralbank (EZB) zutreffend sind.

Das von der EZB durchgeführte Hauptrefinanzierungsgeschäft ...

1. ... wurde im Mengentender ausgeschrieben, sodass alle Kreditinstitute gleichmäßig zu der Repartierungsquote bedient wurden.
2. ... wurde im holländischen Zinstenderverfahren ausgeschrieben, sodass alle Kreditinstitute, die über dem marginalen Zuteilungssatz geboten haben, zu diesem bedient wurden.
3. ... wurde im amerikanischen Zinstenderverfahren ausgeschrieben, sodass alle Kreditinstitute, die über dem marginalen Zuteilungssatz geboten haben, zu ihren Bietungszinssätzen bedient wurden.
4. ... bediente alle Kreditinstitute, die zu dem marginalen Zuteilungssatz geboten haben, zur Repartierungsquote.
5. ... bediente alle Kreditinstitute, die zu dem marginalen Zuteilungssatz geboten haben, nicht mehr.
6. ... bediente alle Kreditinstitute, die zu dem marginalen Zuteilungssatz geboten haben, vollständig.

Tragen Sie die Ziffern vor den zutreffenden Aussagen in die Kästchen ein. ⇨ ☐ ☐

Aufgabe 213

Stellen Sie fest, welche der folgenden Aussagen hinsichtlich der Geldmengenpolitik seitens der EZB Ende Oktober 20.. zutreffend ist.

Die EZB ...

1. ... entzog den Kreditinstituten per Saldo am 11.10. Liquidität von 17,5 Mrd. EUR.

2. ... führte den Kreditinstituten per Saldo am 11.10. Liquidität von 17,5 Mrd. EUR zu.

3. ... entzog den Kreditinstituten per Saldo am 11.10. Liquidität von 57,786 Mrd. EUR.

4. ... führte den Kreditinstituten per Saldo am 11.10. Liquidität von 57,786 Mrd. EUR zu.

5. ... führte den Kreditinstituten per Saldo am 11.10. Liquidität von 298 Mrd. EUR zu.

Tragen Sie die Ziffer vor der zutreffenden Aussage in das Kästchen ein. ⇨ ☐

Aufgabe 214

Ermitteln Sie die Zuteilungsquote des gesamten vorliegenden geldpolitischen Geschäfts in Prozent und runden Sie das Ergebnis auf zwei Stellen nach dem Komma.

Tragen Sie das Ergebnis in die Kästchen ein. ⇨ ☐☐,☐☐ %

Aufgabe 215

Das Europäische System der Zentralbanken (ESZB) setzt zur Erfüllung seiner Aufgaben verschiedene geldpolitische Instrumente ein.

Stellen Sie fest, welche der nebenstehenden geldpolitischen Instrumente den nachstehenden Sachverhalten zuzuordnen sind.

Tragen Sie die Ziffer vor dem jeweils zutreffenden geldpolitischen Instrument in das Kästchen ein.

Geldpolitische Instrumente

1. Hauptrefinanzierungsgeschäft bzw. längerfristiges Refinanzierungsgeschäft im Rahmen der Offenmarktgeschäfte

2. Einlagefazilität

3. Spitzenrefinanzierungsfazilität

4. Feinsteuerungsoperationen

5. Mindestreserve

6. Keines der geldpolitischen Instrumente trifft zu

Sachverhalte

a) Die Geschäftspartner des ESZB können bei den nationalen Zentralbanken Tagesgeld anlegen. ⇨ ☐

b) Das ESZB stellt seinen Geschäftspartnern regelmäßig Liquidität mit einer Laufzeit von circa 90 Tagen gegen Sicherheiten zur Verfügung. ⇨ ☐

c) Die EZB verpflichtet die Kreditinstitute, einen bestimmten Prozentsatz der in die Reservebasis einbezogenen Einlagen als Guthaben bei nationalen Zentralbanken zu halten. ⇨ ☐

d) Geschäftspartner können sich beim ESZB durch eine Geldaufnahme „overnight" gegen Sicherheiten refinanzieren. ⇨ ☐

Aufgabe 216

Stellen Sie fest, welche der folgenden Aussagen über das Verhältnis der Europäischen Zentralbank (EZB) zu anderen Organisationen zutreffend ist.

Die Europäische Zentralbank ...

1. ... darf ausschließlich vom Europäischen Parlament und nicht von den einzelnen Regierungen in der Eurozone Weisungen entgegennehmen.
2. ... muss die allgemeine Wirtschaftspolitik in der Eurozone unterstützen, soweit dies vom Rat der Staats- und Regierungschefs (Europäischer Rat) angeordnet wird.
3. ... darf außer von der Europäischen Kommission keine Weisungen von anderen Organen der Eurozone befolgen.
4. ... muss nur Weisungen der Bundesanstalt für Finanzdienstleistungsaufsicht (BaFin) befolgen, da die EZB mit Sitz in Frankfurt am Main deutschem Recht unterliegt.
5. ... unterstützt die allgemeine Wirtschaftspolitik in der Europäischen Gemeinschaft, soweit dies ohne Beeinträchtigung des Ziels der Preisstabilität möglich ist.

Tragen Sie die Ziffer vor der zutreffenden Aussage in das Kästchen ein. ⇨ ☐

Situation zu den Aufgaben 217 bis 219

Über die Kreditvergabe besteht die Möglichkeit, aktiv Giralgeld zu schöpfen.

Die Merkurbank eG möchte ihre Kundeneinlagen wieder ausleihen, ohne dass ihr Liquiditätsprobleme entstehen. Gehen Sie von der folgenden Situation aus:

- Ein Kunde der Merkurbank eG zahlt auf sein laufendes Konto 2.500,00 EUR bar ein.
- Mindestreservesatz der EZB: 2,0 %
- Kassenreservesatz der Kreditinstitute: 6,0 %

Es ist davon auszugehen, dass genügend Kreditnachfrage besteht und die Kreditnehmer nur bargeldlos über die ihnen gewährten Kredite verfügen.

Aufgabe 217

Berechnen Sie die erste Überschussreserve bei der Merkurbank eG.

Tragen Sie das Ergebnis in die Kästchen ein. ⇨ ☐.☐☐☐,☐☐ EUR

14 Merkur-Nr. 1853

Aufgabe 218

Berechnen Sie den Geldschöpfungsmultiplikator.

Tragen Sie das Ergebnis in die Kästchen ein. ⇨ ☐☐,☐☐

Aufgabe 219

Berechnen Sie, welches Kreditvolumen aufgrund dieser Einzahlung in Höhe von 2.500,00 EUR im gesamten Kreditsektor maximal geschaffen werden kann.

Tragen Sie das Ergebnis in die Kästchen ein. ⇨ ☐☐.☐☐☐,☐☐ EUR

Aufgabe 220

Folgende Medienmeldung liegt Ihnen vor:

> Die Europäische Zentralbank (EZB) ist mit einem neuen Bankenkredit von drei Monaten Laufzeit auf großes Interesse gestoßen. Den bietenden Kreditinstituten wurden in einer Auktion 53,12 Milliarden EUR zugeteilt, wie die EZB mitteilte. Dafür werden im Schnitt 3,76 % p. a. Zinsen fällig. Der Liquiditätshunger der Banken war immens, sodass die Auktion mehr als vierfach überzeichnet war. 222 Kreditinstitute hatten einen Bedarf von 166 Milliarden EUR angemeldet. [...]

Stellen Sie fest, welche der folgenden Aussagen das im Zeitungsausschnitt beschriebene Zuteilungsverfahren der Europäischen Zentralbank zutreffend wiedergeben.

Bei dem hier dargestellten Geschäft der EZB handelte es sich um ...

1. ... einen Mengentender, bei dem die Zuteilungsquote insgesamt 32,0 % betrug.
2. ... einen Mengentender, bei welchem 222 Kreditinstitute jeweils die gleiche absolute Höhe an Zuteilung erhalten haben.
3. ... einen Zinstender nach holländischem Verfahren, bei welchem einheitlich zum Zinssatz von 3,76 % zugeteilt wurde, bis das vorgesehene Volumen erreicht war.
4. ... einen Zinstender nach amerikanischem Verfahren, bei welchem zu den jeweils von den Interessenten tatsächlich gebotenen Zinssätzen zugeteilt wurde, bis das vorgesehene Volumen erreicht war.
5. ... einen Schnelltender, der als Feinsteuerungsoperation etwa innerhalb einer Stunde abgewickelt wurde.
6. ... ein längerfristiges Refinanzierungsgeschäft, bei dem die Zuteilungsquote insgesamt 32,0 % betrug.

Tragen Sie die Ziffern vor den zutreffenden Aussagen in die Kästchen ein. ⇨ ☐☐

14 Außenwert des Geldes

Aufgabe 221

Meldung vom Devisenmarkt:

... der Kurs des Britischen Pfunds liegt heute bei 0,85 EUR, zu Beginn des Jahres hatte er noch bei 0,87 EUR gelegen. ...

Stellen Sie fest, welche der folgenden Aussagen zu den Folgen der Kursentwicklung des Britischen Pfunds zutreffend ist.

1. Exporte aus Großbritannien nach Deutschland werden teurer.
2. Reisen nach Großbritannien werden für Reisende aus dem Euro-Währungsgebiet billiger.
3. Der Import von britischem Rindfleisch nach Deutschland wird aufgrund der Wechselkursänderung in erheblichem Maße abnehmen.
4. Investitionen deutscher Unternehmen in Großbritannien werden teurer.
5. Importe aus den Ländern des Euro-Währungsgebietes werden für Unternehmen in Großbritannien teurer.

Tragen Sie die Ziffer vor der zutreffenden Aussage in das Kästchen ein. ⇨ ☐

Aufgabe 222

Eine Kundin der Merkurbank eG exportiert regelmäßig Waren nach Großbritannien. Die Exportgeschäfte werden ausschließlich in Euro abgewickelt.

Stellen Sie fest, welche Auswirkungen die nebenstehende Kursentwicklung des Britischen Pfunds (GBP) auf diese Exportgeschäfte hat.

1,00 EUR =

GBP	Termin
0,8351	30.04.
0,8579	31.07.
0,8699	31.10.
0,8795	aktueller Kurs

1. Der Euro wurde im Verhältnis zum GBP kontinuierlich abgewertet. Eine Abwertung verteuert den Einkauf für die Abnehmer in Großbritannien. Die Wettbewerbssituation für deutsche Exporteure verschlechtert sich.
2. Der Euro wurde im Verhältnis zum GBP kontinuierlich abgewertet. Eine Abwertung verbilligt den Einkauf für die Abnehmer in Großbritannien. Die Wettbewerbssituation für deutsche Exporteure verbessert sich.
3. Der Euro wurde im Verhältnis zum GBP kontinuierlich aufgewertet. Eine Aufwertung verbilligt den Einkauf für die Abnehmer in Großbritannien. Die Wettbewerbssituation für deutsche Exporteure verbessert sich.
4. Der Euro wurde im Verhältnis zum GBP kontinuierlich aufgewertet. Eine Aufwertung verteuert den Einkauf für die Abnehmer in Großbritannien. Die Wettbewerbssituation für deutsche Exporteure verschlechtert sich.
5. Da die Kundin ihre Waren nur in Euro-Preisen anbietet, hat die Abwertung des GBP keine Auswirkung auf die Nachfrage nach Waren in Großbritannien.

Tragen Sie die Ziffer vor der zutreffenden Aussage in das Kästchen ein. ⇨ ☐

Situation zu den Aufgaben 223 bis 225

Ein gewerblicher Kunde der Merkurbank eG importiert Waren aus den USA. Die Geschäfte werden auf USD-Basis abgewickelt.

Folgende Daten liegen Ihnen vor:

Zeit	Index der Einfuhrpreise in USD 2020 = 100	Durchschnittliche Wechselkurse
Vorjahr	97,0	1,0618 USD je 1 EUR
Laufendes Jahr	99,2	1,0827 USD je 1 EUR

Aufgabe 223

Stellen Sie fest, welche Aussage die Folgewirkungen für die Preise der Importe des gewerblichen Kunden zutreffend beschreibt.

1. Die gestiegenen Einfuhrpreise und der aufgewertete Euro verteuern beide die Importe.
2. Den gestiegenen Einfuhrpreisen wirkt der aufgewertete Euro entgegen.
3. Die gestiegenen Einfuhrpreise und der schwächere Euro führen zu einer Verbilligung der Importe.
4. Die gestiegenen Einfuhrpreise und der abgewertete Euro verteuern gleichzeitig die Importe.
5. Der Anstieg der Einfuhrpreise wird durch den stärkeren Euro nicht vollständig kompensiert.

Tragen Sie die Ziffer vor der zutreffenden Aussage in das Kästchen ein. ⇨ ☐

Aufgabe 224

Im laufenden Jahr soll dieselbe Menge Waren wie letztes Jahr importiert werden. Im Vorjahr wurden für diese Waren 150.000,00 USD bezahlt.

Ermitteln Sie den USD-Preis für diese Waren, wenn sich diese entsprechend der allgemeinen Einfuhrpreisentwicklung verteuern.

Tragen Sie das Ergebnis in die Kästchen ein. ⇨ ☐☐☐.☐☐☐,☐☐ USD

Aufgabe 225

Im laufenden Jahr soll dieselbe Menge Waren wie letztes Jahr importiert werden. Im Vorjahr wurden für diese Waren 150.000,00 USD bezahlt.

Ermitteln Sie ausgehend vom Ergebnis in Aufgabe 224 den Kaufpreis in EUR mit dem entsprechenden durchschnittlichen Wechselkurs der Tabelle.

Tragen Sie das Ergebnis in die Kästchen ein. ⇨ ☐☐☐.☐☐☐,☐☐ USD

Aufgabe 226

Aufgrund der wirtschaftlichen Entwicklung hat sich der Wert des Euro gegenüber ausländischen Währungen erhöht.

Stellen Sie fest, welche der folgenden Wirkungen sich aufgrund dieser Veränderung ergibt.

1. Importe aus der Eurozone werden für chinesische Unternehmen billiger.
2. Auslandsreisen in Nicht-Euroländer werden für deutsche Touristen billiger.
3. Reisen amerikanischer Touristen nach Deutschland werden für die Amerikaner billiger.
4. Importe aus Übersee werden für die Unternehmen in der Eurozone teurer.
5. Einnahmen aus Yen-Anleihen steigen nach dem Tausch in Euro für deutsche Anleger.

Tragen Sie die Ziffer vor der zutreffenden Aussage in das Kästchen ein. ⇨ ☐

Situation zu den Aufgaben 227 und 228

Der Euro ist innerhalb kurzer Zeit von 1,00 EUR/1,0600 USD auf 1,00 EUR/1,0800 USD gegenüber dem USD gestiegen.

Aus diesem veränderten Wechselkurs ergeben sich verschiedene Folgen für die Volkswirtschaft der Bundesrepublik Deutschland.

Aufgabe 227

Stellen Sie fest, welche der folgenden Aussagen in diesem Zusammenhang richtig sind.

1. Die Aufwertung des Euro gegenüber dem US-Dollar kann sich negativ auf die deutschen Exporte auswirken und somit die Konjunktur in Deutschland dämpfen.
2. Sofern die deutschen Exporte auf US-Dollar-Basis abgeschlossen werden, kann die Aufwertung des Euro die deutschen Exporte fördern.
3. Der neue Wechselkurs kompensiert zumindest teilweise die gestiegenen Preise der Rohölimporte nach Deutschland.
4. Die Aufwertung des Euro gegenüber dem US-Dollar hat keinen Einfluss auf die Währungen aller EU-Länder.
5. Die Abwertung des US-Dollar bremst tendenziell den Import nach Deutschland.
6. Die Wechselkursänderung ist ungünstig für deutsche Touristen, die in den USA Urlaub machen.

Tragen Sie die Ziffern vor den zutreffenden Aussagen in die Kästchen ein. ⇨ ☐ ☐

Aufgabe 228

Die EZB entschließt sich, den negativen Folgen des veränderten Wechselkurses entgegenzuwirken.

Stellen Sie fest, welche der folgenden Maßnahmen der EZB dazu grundsätzlich geeignet sind.

Die EZB ...

1. ... erhöht den Mindestreservesatz.
2. ... verringert das Volumen der Hauptrefinanzierungsgeschäfte.
3. ... interveniert am Devisenmarkt, indem sie US-Dollar verkauft.

4. ... interveniert am Devisenmarkt, indem sie US-Dollar ankauft.

5. ... hebt die Leitzinsen an.

6. ... senkt die Leitzinsen.

Tragen Sie die Ziffern vor den zutreffenden Aussagen in die Kästchen ein. ⇨ ☐ ☐

Aufgabe 229

In der letzten Zeit hat sich der Wert des Euro gegenüber dem US-Dollar erhöht.

Stellen Sie fest, welche der folgenden Aussagen über die Auswirkungen dieser Entwicklung zutreffend sind.

1. Die Importe werden für amerikanische Unternehmen billiger.

2. Anleger in Deutschland erhalten für ihre in US-Dollar gezahlten Zinsen aus US-Anleihen nach dem Umtausch mehr Euro.

3. Die Exportmöglichkeiten für deutsche Unternehmen werden erschwert.

4. Die Importe deutscher Unternehmen aus den USA werden sinken.

5. Auslandsreisen in die USA werden für deutsche Touristen billiger.

6. Reisen amerikanischer Touristen nach Deutschland werden für die Amerikaner billiger.

Tragen Sie die Ziffern vor den zutreffenden Aussagen in die Kästchen ein. ⇨ ☐ ☐

Aufgabe 230

Wechselkurse können sich an den Devisenmärkten frei bilden oder zwischen Währungen festgelegt sein.

Stellen Sie fest, welche der folgenden Aussagen über ein System freier Wechselkurse bzw. ein System fester Wechselkurse richtig sind.

1. Feste Wechselkurse bieten Planungs- und Kalkulationssicherheit für den Außenhandel.

2. Freie Wechselkurse führen tendenziell zur importierten Inflation.

3. Freie Wechselkurse erfordern Interventionen der Zentralbanken an den Devisenbörsen.

4. Freie Wechselkurse verteuern Außenhandelsaktivitäten durch abzuschließende Devisentermingeschäfte.

5. Feste Wechselkurse machen Währungsspekulationen langfristig unmöglich.

6. Feste Wechselkurse führen bei stark nachgefragten Währungen zum Abbau der Devisenreserven.

Tragen Sie die Ziffern vor den zutreffenden Aussagen in die Kästchen ein. ⇨ ☐ ☐

15 Zahlungsbilanz

Aufgabe 231

Stellen Sie fest, welche Aussage die Erfassung von wirtschaftlichen Transaktion in der Handelsbilanz zutreffend beschreibt.

1. Ein deutsches Unternehmen plant den Bau einer Windkraftanlage in Südamerika und überwacht die Bauausführung.
2. Ein ausländischer Arbeitnehmer, der in Deutschland lebt und arbeitet, überweist einen Teil seines Gehalts an seine Familie in seinem Heimatland.
3. Ein ausländisches Unternehmen erwirbt die Aktienmehrheit an einem deutschen Unternehmen.
4. Ein deutscher Unternehmer verkauft 30 % seiner Produktion in das Ausland.
5. Eine ausländische Reisegruppe verbringt ihren Urlaub in Deutschland.

Tragen Sie die Ziffer vor der zutreffenden Aussage in das Kästchen ein. ⇨ ☐

Aufgabe 232

Stellen Sie fest, welche der folgenden Aussagen zu Transaktionen im System der Zahlungsbilanz zutreffend ist.

1. Eine passive Dienstleistungsbilanz führt bei einer ausgeglichenen Handelsbilanz zu einem positiven Saldo der Leistungsbilanz.
2. Anhaltende rückläufige Exportüberschüsse können langfristig zu einer passiven Handelsbilanz führen.
3. Verstärkte Mittelbereitstellungen deutscher Konzerne für ihre ausländischen Tochterunternehmen stellen einen Kapitalexport dar.
4. Eine starke Nachfrage ausländischer Anleger nach sicheren deutschen Staatspapieren führt zu einem negativen Saldo bei den Vermögensübertragungen.
5. Eine Erfassung der Importe zu CIF-Werten an Stelle von FOB-Werten führt zu einer mengenmäßigen Steigerung der ausgewiesenen Importe.

Tragen Sie die Ziffer vor der zutreffenden Aussage in das Kästchen ein. ⇨ ☐

Situation zu den Aufgaben 233 und 234

Für die Zahlungsbilanz eines Landes liegen folgende statistische Meldungen vor:

Warenhandel	
Ausfuhr	130 GE
Einfuhr	100 GE
Dienstleistungen	
Einnahmen	30 GE
Ausgaben	80 GE
Wertpapieranlagen (Saldo)	80 GE
Laufende Übertragungen (Saldo)	– 47 GE
Erwerbs- und Vermögenseinkommen (Saldo)	– 40 GE
Vermögensübertragungen (Saldo)	50 GE
Veränderungen der Währungsreserven	1 GE
Saldo der statistisch nicht aufgliederbaren Transaktionen	5 GE

Aufgabe 233

Ermitteln Sie den Saldo der Leistungsbilanz in Geldeinheiten (GE).

Tragen Sie das Ergebnis in die Kästchen ein. ⇨ ☐☐☐☐ GE

Aufgabe 234

Entscheiden Sie, ob es sich nach den gängigen Bezeichnungen um eine

1. aktive,

2. passive oder

3. ausgeglichene

Leistungsbilanz handelt.

Tragen Sie die Ziffer vor der zutreffenden Aussage in das Kästchen ein. ⇨ ☐

Aufgabe 235

Stellen Sie fest, welche der folgenden Aussagen zur deutschen Zahlungsbilanz und ihren Teilbilanzen richtig sind.

1. Die Zahlungsbilanz ist eine systematische Zusammenfassung aller ökonomischen Transaktionen zwischen Gebietsfremden und Gebietsansässigen zu einem bestimmten Zeitpunkt.

2. Das traditionelle Defizit der deutschen Dienstleistungsbilanz wird vor allem durch den Reiseverkehr verursacht.

3. Erwerbs- und Vermögenseinkommen fließen zwar in die Zahlungsbilanz ein, beeinflussen jedoch nicht die Leistungsbilanz.

4. Ein nachhaltig aufgewerteter Euro gegenüber dem US-Dollar fördert den aktiven Saldo der Außenhandelsbilanz, da amerikanische Importeure Waren aus Deutschland billiger einkaufen können.

5. Ein Leistungsbilanzüberschuss wirkt sich rechnerisch in der Kapitalbilanz aus.

6. Das wirtschaftspolitische Ziel des außenwirtschaftlichen Gleichgewichts bezieht sich auf die Ausgeglichenheit der gesamten Zahlungsbilanz.

Tragen Sie die Ziffern vor den zutreffenden Aussagen in die Kästchen ein. ⇨ ☐☐

Aufgabe 236

Stellen Sie fest, welche der folgenden Aussagen zur deutschen Zahlungsbilanz richtig sind.

1. Das traditionelle Defizit bei den Dienstleistungen ist durch zunehmende Urlaubsreisen von Ausländern nach Deutschland gewachsen.
2. Die Entwicklung der Wechselkurse ist für den Saldo der Außenhandelsbilanz ohne Bedeutung.
3. Der positive Saldo der Leistungsbilanz wird durch eine Verringerung der laufenden Netto-Zahlungen an die Europäische Union (EU) erhöht.
4. Zinszahlungen für Kapitalaufnahmen im Ausland werden in der Kapitalbilanz erfasst.
5. Mit steigenden Exporten von Gütern, die einen hohen Anteil ausländischer Vorleistungen haben, steigen auch die Importe an.
6. Die in der Leistungsbilanz erfassten Auslandstransaktionen haben keine Auswirkungen auf die Kapitalbilanz.

Tragen Sie die Ziffern vor den zutreffenden Aussagen in die Kästchen ein. ⇨ ☐ ☐

Aufgabe 237

Stellen Sie fest, welche der folgenden Teilbilanzen des Euro-Währungsgebiets den nachstehenden Transaktionen, die zusätzlich in der Kapitalbilanz erfasst werden, zuzuordnen sind.

Tragen Sie die Ziffer vor der jeweils zutreffenden Teilbilanz in das Kästchen ein.

Teilbilanzen

1. Warenhandel
2. Dienstleistungen
3. Erwerbs- und Vermögenseinkommen
4. Laufende Übertragungen
5. Vermögensübertragungen
6. Restposten
7. Keine der Teilbilanzen des Euro-Währungsgebiets wird erfasst.

Transaktionen

a) Eine deutsche Fluglinie überweist die Flughafengebühren für die Nutzung eines Flughafens in den USA. ⇨ ☐

b) Die Bundesregierung zahlt jährlich Entwicklungshilfen an ausländische Staaten. ⇨ ☐

c) Ein deutsches Unternehmen importiert Waren aus Asien. ⇨ ☐

d) Ein deutsches Logistikunternehmen zahlt Frachtgebühren an eine ausländische Reederei. ⇨ ☐

e) Eine deutsche Familie verbringt ihren Urlaub im Ausland und zahlt dort bar. ⇨ ☐

f) Ein ausländisches Unternehmen überweist Standmiete an eine inländische Messegesellschaft. ⇨ ☐

Situation zu den Aufgaben 238 und 239

Die Zahlungsbilanz von Deutschland weist für das abgelaufene Jahr die folgenden Größen in Mio. EUR aus.

• Außenhandel	+	189.210
• Dienstleistungen	–	16.274
• Erwerbs- und Vermögenseinkommen	+	41.966
• Laufende Übertragungen	–	30.678
• Vermögensübertragungen	+	224
• Kapitalbilanz	–	220.859
• Saldo der statistisch nicht aufgliederbaren Transaktionen	+	36.411

Aufgabe 238

Berechnen Sie den Saldo der Leistungsbilanz in Mio. EUR.

Tragen Sie das Ergebnis in die Kästchen ein. ⇨ ☐☐☐.☐☐☐ Mio. EUR

Aufgabe 239

Stellen Sie fest, welche der folgenden Aussagen über die Kapitalbilanz der Bundesrepublik Deutschland zutreffend ist.

1. Verkauft ein inländisches Unternehmen Waren ins Ausland auf Ziel, führt dies zu einem Kapitalexport.
2. Es liegt per Saldo ein Kapitalexport vor, wenn die Zunahme der Verbindlichkeit die Zunahmen der Forderung übertrifft.
3. Zahlungen der Bundesrepublik Deutschland an internationale Organisationen erhöhen den Kapitalexport.
4. Ein Dienstleistungsexport führt zu einem Kapitalimport.
5. Der Kapitalexport muss der Zunahme der Währungsreserven der Deutschen Bundesbank entsprechen.

Tragen Sie die Ziffer vor der zutreffenden Aussage in das Kästchen ein. ⇨ ☐

Situation zu den Aufgaben 240 und 241

Die Volkswirtschaften Deutschlands und der USA stehen in enger Handelsbeziehung.

Die Handelsbilanz Deutschlands schließt mit einem Exportüberschuss ab, während die Handelsbilanz der USA negativ ausfällt.

Die USA erhöhen daraufhin ihre Exporte nach Deutschland stark.

Aufgabe 240

Die gestiegenen Exporte der USA haben Auswirkungen auf die Handelsbilanz der Bundesrepublik Deutschland. (Weitere Faktoren werden nicht berücksichtigt.)

Stellen Sie fest, welche Aussage die Auswirkungen auf die Handelsbilanz der Bundesrepublik Deutschland zutreffend beschreibt.

1. Der Handelsbilanzüberschuss erhöht sich.
2. Der Handelsbilanzüberschuss vermindert sich.
3. Das Handelsbilanzdefizit erhöht sich.
4. Das Handelsbilanzdefizit vermindert sich.
5. Der Handelsbilanzsaldo ändert sich nicht.

Tragen Sie die Ziffer vor der zutreffenden Aussage in das Kästchen ein. ⇨ ☐

Aufgabe 241

Der erhöhte Export von Waren aus den USA nach Deutschland hat Auswirkungen auf den Wechselkurs des US-Dollar gegenüber dem EUR.

Der aktuelle Wechselkurs beträgt: 1,00 EUR ≙ 1,0812 USD

Stellen Sie fest, welche der folgenden Aussagen die Auswirkungen auf den Wechselkurs des US-Dollar gegenüber dem EUR zutreffend beschreibt.

Der erhöhte Export von Waren aus den USA nach Deutschland führt zu einem ...

1. ... Anstieg des Wechselkurses und einer Aufwertung des EUR gegenüber dem US-Dollar.
2. ... Sinken des Wechselkurses und einer Aufwertung des EUR gegenüber dem US-Dollar.
3. ... Sinken des Wechselkurses und einer Abwertung des EUR gegenüber dem US-Dollar.
4. ... Anstieg des Wechselkurses und einer Abwertung des EUR gegenüber dem US-Dollar.
5. ... Anstieg des EUR-Außenwerts.

Tragen Sie die Ziffer vor der zutreffenden Aussage in das Kästchen ein. ⇨ ☐

Aufgabe 242

Ein gewerblicher Kunde der Merkurbank eG exportiert einen Großteil seiner Produktion in die USA.

Stellen Sie fest, welche Aussage die Auswirkung der in der Tabelle dargestellten Entwicklung des Wechselkurses des USD zum EUR auf den Export des Unternehmens hat.

1,00 EUR =

USD	Termin
1,0321	01.01.
1,0521	01.04.
1,0672	01.07.
1,0852	aktueller Kurs

1. Der Euro wurde im Verhältnis zum Dollar kontinuierlich abgewertet. Eine Abwertung verteuert den Einkauf für die amerikanischen Geschäftspartner; die Wettbewerbssituation für den gewerblichen Kunden verschlechtert sich.
2. Der Euro wurde im Verhältnis zum Dollar kontinuierlich abgewertet. Eine Abwertung verbilligt den Einkauf für die amerikanischen Geschäftspartner; die Wettbewerbssituation für den gewerblichen Kunden verbessert sich.
3. Der Euro wurde im Verhältnis zum Dollar kontinuierlich aufgewertet. Eine Aufwertung verteuert den Einkauf für die amerikanischen Geschäftspartner; die Wettbewerbssituation für den gewerblichen Kunden verschlechtert sich.
4. Der Euro wurde im Verhältnis zum Dollar kontinuierlich aufgewertet. Eine Aufwertung verbilligt den Einkauf für die amerikanischen Geschäftspartner; die Wettbewerbssituation für den gewerblichen Kunden verbessert sich.
5. Wenn die gewerblichen Kunden Waren nur mit Euro-Preisen anbieten, hat die Entwicklung des Dollarkurses keine Auswirkungen auf die Nachfrage aus den USA.

Tragen Sie die Ziffer vor der zutreffenden Aussage in das Kästchen ein. ⇨ ☐

Sie sind bei der Merkurbank eG beschäftigt. Eine Großkundin ist die Karl Kohl GmbH, für die der Merkurbank eG die abgebildeten Informationen vorliegen:

Firma • **Geschäftssitz** • **Registergericht**	 Karl Kohl GmbH, Heinering 63, 50767 Köln Amtsgericht Köln HRB 1909
Geschäftszweck	Handel mit Hardware
Bankverbindung	Merkurbank eG IBAN: DE85 5112 0266 0000 0047 11 BIC: MERKDE09XXX

Aufgabe 1

In der Bundesrepublik Deutschland wird zwischen den Rechtsgebieten öffentliches Recht und Privatrecht unterschieden.

Stellen Sie fest, welche der folgenden Aussagen dem Privatrecht zuzuordnen ist.

1. Die Stadt Bonn erwirbt Tablets für die Lehrkräfte der städtischen Schulen.
2. Eine Beamtin erhält einen Bußgeldbescheid für falsches Parken.
3. Eine Hausbesitzerin widerspricht dem Grundsteuerbescheid ihres Finanzamtes.
4. Ein Start-up-Unternehmer meldet sein Unternehmen bei der Stadt Köln an.
5. Die Landesregierung von NRW erlässt eine Rechtsverordnung.

Tragen Sie die Ziffer vor der zutreffenden Aussage in das Kästchen ein. ⇨ ☐

Aufgabe 2

Marlena Renker ist 17 Jahre alt.

Stellen Sie fest, welches der nachstehenden Rechtsgeschäfte Marlena ohne Zustimmung ihrer gesetzlichen Vertreter gemäß den Vorschriften des BGB rechtswirksam abschließen kann.

1. Abschluss eines neuen Handyvertrages mit einer Laufzeit von 24 Monaten.
2. Abschluss eines Arbeitsvertrages beim „Café Kram“.
3. Abschluss eines Kontovertrages für ein Sparkonto.
4. Abschluss eines Kaufvertrages über ein iPad bei einem Händler, mit dem sie eine Ratenzahlung über 12 Monate vereinbart.
5. Annahme eines Geldgeschenkes von der Oma in Höhe von 200,00 EUR.

Tragen Sie die Ziffer vor der zutreffenden Aussage in das Kästchen ein. ⇨ ☐

Aufgabe 3

Sie möchten sich ein neues Smartphone kaufen und entdecken bei Ihrer Recherche in einer Postwurfsendung die Anzeige eines Elektronikmarktes mit nebenstehendem Inhalt.

Stellen Sie fest, welche der folgenden Aussagen die Rechtslage richtig darstellt.

1. Die Anzeige bindet den Anbieter ab 3. September 20.. für zwei Wochen.
2. Die Anzeige ist im rechtlichen Sinn kein Angebot.
3. Die Anzeige ist rechtlich ein Antrag zum Abschluss eines Kaufvertrags.
4. Die Anzeige ist nur für die Leser der Postwurfsendung ein rechtswirksames Angebot.
5. Die Anzeige bindet den Anbieter, auf Bestellung das Smartphone XS 16 zum Preis von 549,99 EUR zu liefern.

Tragen Sie die Ziffer vor der zutreffenden Aussage in das Kästchen ein.

Situation zu den Aufgaben 4 bis 6

Die Karl Kohl GmbH verkauft 20 Laserdrucker an ihren Kunden, das Einzelhandelsunternehmen Bürobedarf Schröder GmbH, das seinen Geschäftssitz in Düsseldorf hat. Der Kaufvertrag wurde am 26. 10. 2026 von den Vertragspartnern unterzeichnet. Am 03. 11. 2026 werden die Laserdrucker geliefert, eine Rechnung, datiert auf den 03. 11. 2026 liegt der Lieferung bei. Bis zum 29. 11. 2026 kann die Karl Kohl GmbH keinen Zahlungseingang verzeichnen. Mahnungen sind noch nicht erfolgt, in der Rechnung wurden keine Vereinbarungen hinsichtlich der Fälligkeit der Zahlung getroffen.

Aufgabe 4

Stellen Sie mithilfe des Gesetzesauszuges fest, mit Ablauf welchen Tages die Bürobedarf Schröder GmbH nach den gesetzlichen Bestimmungen in Zahlungsverzug gerät, sofern weiterhin keine Mahnung erfolgt.

§ 286 BGB Verzug des Schuldners

(...)

(3) Der Schuldner einer Entgeltforderung kommt spätestens in Verzug, wenn er nicht innerhalb von 30 Tagen nach Fälligkeit und Zugang einer Rechnung oder gleichwertigen Zahlungsaufstellung leistet; dies gilt gegenüber einem Schuldner, der Verbraucher ist, nur, wenn auf diese Folgen in der Rechnung oder Zahlungsaufstellung besonders hingewiesen worden ist. Wenn der Zeitpunkt des Zugangs der Rechnung oder Zahlungsaufstellung unsicher ist, kommt der Schuldner, der nicht Verbraucher ist, spätestens 30 Tage nach Fälligkeit und Empfang der Gegenleistung in Verzug.

(...)

Tragen Sie das Datum (TT.MM.JJJJ) in die Kästchen ein.

Aufgabe 5

Prüfen Sie, welches Recht die Karl Kohl GmbH bei einem Zahlungsverzug gegenüber der Bürobedarf Schröder GmbH geltend machen kann, auch wenn sie keine Nachfrist gesetzt hat.

1. Sie kann auf Zahlung des Kaufpreises bestehen, einen darüber hinausgehenden Anspruch kann sie nicht geltend machen.
2. Sie kann auf Zahlung des Kaufpreises bestehen und Verzugszinsen verlangen.
3. Sie kann sofort Schadenersatz statt der Leistung (Zahlung) verlangen.
4. Sie kann sofort vom Vertrag zurücktreten und Schadenersatz statt der Leistung verlangen.
5. Sie kann sofort vom Vertrag zurücktreten und Ersatz des Verzögerungsschadens verlangen.

Tragen Sie die Ziffer vor der zutreffenden Aussage in das Kästchen ein.

Aufgabe 6

Die Karl Kohl GmbH liefert bis zur vollständigen Bezahlung unter Eigentumsvorbehalt. Stellen Sie fest, welche der folgenden Aussagen in diesem Zusammenhang richtig ist.

1. Nach der vollständigen Bezahlung muss die Karl Kohl GmbH das Eigentum an den Druckern ausdrücklich übertragen.
2. Ein Weiterverkauf der Drucker durch die Bürobedarf Schröder GmbH ist an gutgläubige Erwerber möglich.
3. Ein einfacher Eigentumsvorbehalt der Karl Kohl GmbH schließt den gutgläubigen Eigentumserwerb bei Weiterverkauf durch die Bürobedarf Schröder GmbH aus.
4. Bei Insolvenz der Bürobedarf Schröder GmbH hat die Karl Kohl GmbH keinen Anspruch mehr auf die Drucker, da sie den unmittelbaren Besitz aufgegeben hat.
5. Die Vorbehaltsrechte beziehen sich immer auch auf alle anderen von der Karl Kohl GmbH an die Bürobedarf Schröder GmbH gelieferten Waren, selbst wenn diese bereits bezahlt sind.

Tragen Sie die Ziffer vor der zutreffenden Aussage in das Kästchen ein. ⇨ ☐

Situation zu den Aufgaben 7 und 8

Zwei Auszubildende der Merkurbank eG, Robert Möller, 22 Jahre, und Sandra Meyer, 19 Jahre, erhalten ein Übernahmeangebot in ein unbefristetes Arbeitsverhältnis. Nach bestandener Abschlussprüfung sind Robert Möller für die Kreditabteilung und Sandra Meyer für die Beratung in einer Geschäftsstelle vorgesehen. Mit Robert Möller und Sandra Meyer sollen Arbeitsverträge geschlossen werden, die auch eine Probezeit beinhalten.

Aufgabe 7

Prüfen Sie, mit welcher von ihren Berufsausbildungsverträgen abweichenden Regelung Herr Möller und Frau Meyer in ihren Arbeitsverträgen rechnen müssen.

1. Während bei einem Berufsausbildungsverhältnis eine Probezeit von mindestens einem Monat vorgeschrieben ist, ist für ein Arbeitsverhältnis keine Probezeit vorgeschrieben.
2. Während der Probezeit des Arbeitsverhältnisses ist vom Arbeitgeber und vom Arbeitnehmer eine Kündigungsfrist von sechs Wochen zum 15. oder zum Ende des Monats einzuhalten.
3. Die Probezeit während der Berufsausbildung darf höchstens drei Monate dauern. Für ein Arbeitsverhältnis gilt eine Maximaldauer von 12 Monaten.
4. Die Angabe eines Kündigungsgrundes während der Probezeit eines Berufsausbildungsverhältnisses kann entfallen, währenddessen bei einem Arbeitsverhältnis die Angabe zwingend vorgeschrieben ist.
5. Die arbeitsrechtlichen Regelungen zur Probezeit sind bei einem Berufsausbildungsverhältnis und einem Arbeitsverhältnis identisch.

Tragen Sie die Ziffer vor der zutreffenden Aussage in das Kästchen ein. ⇨ ☐

Aufgabe 8

Sandra Meyer und Robert Möller diskutieren über ihren zukünftigen Versicherungsbedarf nach der Aufnahme des neuen Arbeitsverhältnisses.

Stellen Sie fest, für welche der folgenden Situationen die gesetzliche Sozialversicherung nicht zuständig ist.

1. Ein Arbeitnehmer verbringt seinen Sommerurlaub auf der Insel Rügen und erkrankt an einer Lungenentzündung. Ein Arztbesuch ist erforderlich.
2. Für den Besuch einer Fortbildungsveranstaltung wird ein Arbeitnehmer freigestellt. Auf dem Weg dorthin verunglückt er und zieht sich bleibende Schäden zu.
3. Nach 20-jähriger Betriebszugehörigkeit wird ein Arbeitnehmer erwerbsunfähig.
4. Wegen Insolvenz seines Arbeitgebers wird ein Arbeitnehmer arbeitslos.
5. Auf dem Weg zur Arbeit rammt ein Arbeitnehmer mit seinem Neuwagen beim Ausparken einen Laternenpfahl. Am Pkw entsteht ein Sachschaden von 4.600,00 EUR.

Tragen Sie die Ziffer vor der zutreffenden Aussage in das Kästchen ein. ⇨ ☐

Aufgabe 9

Das Schlichtungsverfahren spielt eine wichtige Rolle in Tarifauseinandersetzungen. Bringen Sie den Ablauf a) bis f) in die richtige Reihenfolge.

a) Die Gewerkschaft ruft zum Streik auf.	⇨ ☐
b) Im Einvernehmen beider Tarifparteien kann ein Schlichtungsverfahren eingeleitet werden.	⇨ ☐
c) Urabstimmung in Betrieben, die bestreikt werden sollen. Bei mehr als 75 % Ja-Stimmen kann gestreikt werden.	⇨ ☐
d) Die Gewerkschaft stellt eine Lohnforderung auf; Gewerkschaft und Arbeitgeberverband verhandeln.	⇨ ☐
e) Der Schlichtungsversuch misslingt. Die Tarifverhandlungen sind endgültig gescheitert.	⇨ ☐
f) Es kommt zu keinem einvernehmlichen Ergebnis. Die Arbeitgeberseite erklärt das Scheitern der Verhandlungen.	⇨ ☐

Situation zu den Aufgaben 10 bis 12

Die Mitarbeiterin Gudrun Hofmann, geboren am 15. 03. 1988, ist seit 01. 10. 2017 als Kundenberaterin bei der Merkurbank eG beschäftigt. Sie möchte sich gerne beruflich verändern und ihr Arbeitsverhältnis bei der Merkurbank eG kündigen. Bei ihrem neuen Arbeitgeber könnte sie ihr Arbeitsverhältnis am 01. 12. 2026 antreten.

Aufgabe 10

Ermitteln Sie mithilfe des Auszugs aus dem BGB, zu welchem Datum die Kündigung der Frau Hofmann der Merkurbank eG spätestens vorliegen muss, damit Frau Hofmann ihre neue Stelle zum 01. 12. 2026 antreten kann.

§ 622 BGB Kündigungsfristen bei Arbeitsverhältnissen

(1) Das Arbeitsverhältnis eines Arbeiters oder eines Angestellten (Arbeitnehmers) kann mit einer Frist von vier Wochen zum Fünfzehnten oder zum Ende eines Kalendermonats gekündigt werden.

(2) Für eine Kündigung durch den Arbeitgeber beträgt die Kündigungsfrist, wenn das Arbeitsverhältnis in dem Betrieb oder Unternehmen

1. zwei Jahre bestanden hat, einen Monat zum Ende eines Kalendermonats,
2. fünf Jahre bestanden hat, zwei Monate zum Ende eines Kalendermonats,
3. acht Jahre bestanden hat, drei Monate zum Ende eines Kalendermonats,
4. zehn Jahre bestanden hat, vier Monate zum Ende eines Kalendermonats,
5. zwölf Jahre bestanden hat, fünf Monate zum Ende eines Kalendermonats,

(...)

Tragen Sie das Datum (TT.MM.JJJJ) in die Kästchen ein. ⇨ ☐☐.☐☐.☐☐☐☐

Aufgabe 11

Die Merkurbank eG möchte die frei werdende Stelle so schnell wie möglich neu besetzen. Es liegen keine Betriebsvereinbarungen über Einstellungen vor. Der Leiter der Personalabteilung verlangt deshalb, die Stelle sofort in einer Internet-Jobbörse auszuschreiben. Entscheiden Sie, welche der folgenden Aussagen zur Beteiligung des Betriebsrates in Hinblick auf diesen Sachverhalt zutreffend ist.

1. Der Betriebsrat kann eine interne Stellenausschreibung verlangen, bevor die Stelle extern ausgeschrieben wird.
2. Nur wenn die Stelle von Frau Hofmann bereits wieder besetzt ist, muss der Betriebsrat informiert werden.
3. Bei der Auswahl der Bewerber hat der Betriebsrat ein Beratungsrecht, deshalb ist er erst nach der Stellenausschreibung zu benachrichtigen.
4. Bei der Auswahl der Bewerber hat der Betriebsrat kein Mitbestimmungsrecht, deshalb braucht er von der Stellenausschreibung nicht benachrichtigt zu werden.
5. Erst nach einem erfolglosen internen Stellenbesetzungsverfahren kann der Betriebsrat eine externe Stellenausschreibung verlangen.

Tragen Sie die Ziffer vor der zutreffenden Aussage in das Kästchen ein. ⇨ ☐

Aufgabe 12

Stellen Sie fest, bei welcher Stelle Sie Frau Hofmann bei deren Ausscheiden namentlich abmelden müssen.

1. Bundesagentur für Arbeit
2. Betriebsrat
3. Gesundheitsbehörde
4. Gewerbeaufsichtsbehörde
5. Krankenkasse

Tragen Sie die Ziffer vor der zutreffenden Aussage in das Kästchen ein. ⇨ ☐

Aufgabe 13

Das Einkommensteuergesetz unterscheidet verschiedene Einkunftsarten. Ordnen Sie 2 der beispielhaft aufgeführten Einnahmen der richtigen Einkunftsart des EStG zu.

Einnahmen

1. Ein Hauseigentümer erhält Miete.
2. Ein Rechtsanwalt erhält sein vereinbartes Honorar.
3. Ein Angestellter der Merkurbank eG erhält das tariflich vereinbarte Weihnachtsgeld.
4. Ein Angestellter erhält von der Merkurbank eG eine Zins- und Dividendengutschrift.
5. Ein Schreinermeister erwirtschaftet durch seinen Betrieb einen Gewinn.

Einkunftsart

a) Einkünfte aus selbstständiger Arbeit	⇨ ☐
b) Einkünfte aus Kapitalvermögen	⇨ ☐

Aufgabe 14

Mareike Weber hat im vergangenen Jahr ihre Ausbildung bei der Merkurbank eG erfolgreich abgeschlossen und ist seitdem in einer Geschäftsstelle der Merkurbank als Servicekraft tätig. In diesem Jahr macht sie erstmalig eine Einkommensteuererklärung. Beim Ausfüllen der Formulare stößt sie auf den Begriff Arbeitnehmer-Pauschbetrag, der ihr nicht geläufig ist.

Stellen Sie fest, welche Aussage eine korrekte Erklärung von Ihnen gegenüber Frau Weber beschreibt.

1. Der Arbeitnehmer-Pauschbetrag erhöht das zu versteuernde Einkommen aus nichtselbstständiger Arbeit.
2. Eine gesetzliche Erhöhung des Arbeitnehmer-Pauschbetrags hat keine Auswirkung auf das zu versteuernde Einkommen von Frau Weber.
3. Der Arbeitnehmer-Pauschbetrag stellt die Obergrenze der vom Finanzamt anerkannten Werbungskosten dar.
4. Wenn Frau Weber nicht höhere Werbungskosten nachweist, wird der Arbeitnehmer-Pauschbetrag vom Finanzamt automatisch von ihren Einnahmen aus nichtselbstständiger Arbeit abgezogen.
5. Die von Frau Weber zu zahlende Einkommensteuer wird automatisch um den Arbeitnehmer-Pauschbetrag von 1.230,00 EUR gekürzt.

Tragen Sie die Ziffer vor der zutreffenden Aussage in das Kästchen ein.	⇨ ☐

Aufgabe 15

Sabine Werner, Geschäftsstellenleiterin bei der Merkurbank eG, erleidet aufgrund eines Sturzes in der Geschäftsstelle einen Unterarmbruch und muss deshalb ins Krankenhaus eingeliefert werden. Sie sollen die vorgeschriebene Unfallmeldung erstellen und an die zuständige Institution senden. Geben Sie an, an welche der folgenden Institutionen diese Unfallmeldung gesandt werden muss.

1. An die Haftpflichtversicherung der Merkurbank eG
2. An die Pflegekasse von Frau Werner
3. An die private Unfallversicherung von Frau Werner
4. An die Krankenversicherung von Frau Werner
5. An die für die Merkurbank eG zuständige Berufsgenossenschaft

Tragen Sie die Ziffer vor der zutreffenden Aussage in das Kästchen ein.	⇨ ☐

Aufgabe 16

Die Karl Kohl GmbH plant aufgrund zuletzt sinkender Umsätze, in der nächsten Zeit die Marketingaktivitäten zu verstärken. Entscheiden Sie, welche der geplanten Maßnahmen mit dem deutschen Wettbewerbsrecht nicht vereinbar ist.

1. Die Karl Kohl GmbH bietet Vorjahresmodelle zu Sonderkonditionen an.
2. Die Karl Kohl GmbH wirbt mit dem folgenden Slogan für einen neuen Multifunktionsdrucker: *„Der Beste, den wir je im Angebot hatten!“*
3. Die Karl Kohl GmbH vergleicht in einer Werbeanzeige die Öffnungszeiten ihrer Filialen mit denen der Konkurrenz.
4. Die Karl Kohl GmbH bietet einige ihrer Produkte über einen längeren Zeitraum unter ihrem Einstandspreis an, um die Konkurrenz vom Markt zu verdrängen.
5. Die Karl Kohl GmbH verkauft ihre Produkte an verschiedene Zielgruppen zu unterschiedlichen Preisen.

Tragen Sie die Ziffer vor der zutreffenden Aussage in das Kästchen ein. ⇨ ☐

Aufgabe 17

Im Stabilitätsgesetz der Bundesrepublik Deutschland sind die Ziele des sogenannten „Magischen Vierecks“ niedergelegt. Mit welcher Forderung werden diese vier Ziele häufig ergänzt?

1. Mit der Forderung nach dem Schutz der natürlichen Umwelt
2. Mit der Forderung nach einem hohen Beschäftigungsstand
3. Mit der Forderung nach einer gleichbleibenden Geldmenge
4. Mit der Forderung nach stetigem und angemessenem Wirtschaftswachstum
5. Mit der Forderung nach einem außenwirtschaftlichen Gleichgewicht

Tragen Sie die Ziffer vor der zutreffenden Aussage in das Kästchen ein. ⇨ ☐

Aufgabe 18

Ein wesentliches wirtschaftspolitisches Ziel Deutschlands ist die Stabilität des Preisniveaus. Dieses Ziel wird unter anderem durch die sogenannte „importierte Inflation“ gefährdet.

Welche der folgenden Aussagen stellt das Phänomen der „importierten Inflation“ richtig dar?

1. Importierte Inflation entsteht durch stark zunehmende inländische Nachfrage.
2. Importierte Inflation entsteht durch Abwanderung von qualifizierten Arbeitskräften ins Ausland.
3. Importierte Inflation entsteht durch eine stark defizitäre Zahlungsbilanz aufgrund zu hoher Importe.
4. Importierte Inflation entsteht durch die Abwertung des Euro, weil dadurch ausländische Waren teurer werden.
5. Importierte Inflation entsteht, wenn die Nachfrage des Auslandes so stark ist, dass im Inland die Preise steigen.

Tragen Sie die Ziffer vor der zutreffenden Aussage in das Kästchen ein. ⇨ ☐

Aufgabe 19

Durch Eingriffe staatlicher Institutionen kann die Konjunktur mittelbar bzw. unmittelbar beeinflusst werden. Welche der folgenden Maßnahmen hat in Zeiten eines Wirtschaftsabschwungs unmittelbar positive Auswirkungen auf den Konjunkturverlauf?

1. Die Bundesländer beschließen den Ganztagsschulbetrieb und fördern in diesem Zusammenhang Baumaßnahmen in Höhe von 20 Mrd. EUR.

2. Die Bundesregierung verfolgt das Ziel eines ausgeglichenen Bundeshaushalts und will eine Nettoneuverschuldung des Bundes vermeiden.

3. Mit einer Reduzierung der Gewerbesteuerbelastung ist beabsichtigt, die Abwanderung von Betrieben in andere Regionen oder das Ausland zu vermeiden.

4. Die Umsatzsteuer wird um 1,2-Prozentpunkte erhöht.

5. Die Reduzierung von Lohnnebenkosten führt zu einer Stabilisierung des Arbeitsmarkts und sorgt für eine erhöhte Verbrauchernachfrage.

Tragen Sie die Ziffer vor der zutreffenden Aussage in das Kästchen ein. ⇨ ☐

Aufgabe 20

Im Wirtschaftsteil Ihrer Tageszeitung lesen Sie folgende Schlagzeile: *„Nominallohn stieg stärker als das Preisniveau"*. Welche Auswirkung hatte dies auf den Reallohn?

1. Der Reallohn ist gestiegen.

2. Der Reallohn ist gleich geblieben.

3. Der Reallohn ist gesunken.

4. Dieser Sachverhalt wirkt sich erst im nächsten Jahr auf den Reallohn aus.

5. Sie konnten sich weniger Güter für Ihr Geld kaufen.

Tragen Sie die Ziffer vor der zutreffenden Aussage in das Kästchen ein. ⇨ ☐

Aufgabe 21

Eine Rezession soll durch staatliche Konjunkturprogramme bekämpft werden. Bringen Sie die zu erwartende Kettenreaktion a) bis f) in die richtige zeitliche Reihenfolge.

a) Die Kommunen erteilen Aufträge zur Sanierung von Straßen.	⇨ ☐
b) Das Einkommen der Beschäftigten von Maschinenbauunternehmen wird steigen.	⇨ ☐
c) Bestehende Kapazitäten in der Bauwirtschaft werden stärker ausgelastet.	⇨ ☐
d) Die Bundesregierung beschließt, dass Kommunen Zuschüsse aus dem Bundeshaushalt für den Ausbau ihrer Verkehrsinfrastruktur erhalten.	⇨ ☐
e) Aufgrund weitgehender Kapazitätsauslastung werden zusätzliche Baumaschinen bei Unternehmen der Investitionsgüterindustrie bestellt.	⇨ ☐
f) Steigende Konsumausgaben tragen zusätzlich zum Wachstum des Bruttoinlandsproduktes bei.	⇨ ☐

start

Situation zu den Aufgaben 22 und 23

Inflationsrate in Deutschland von 1992 bis 2024
(Veränderung des Verbraucherpreisindex gegenüber Vorjahr)

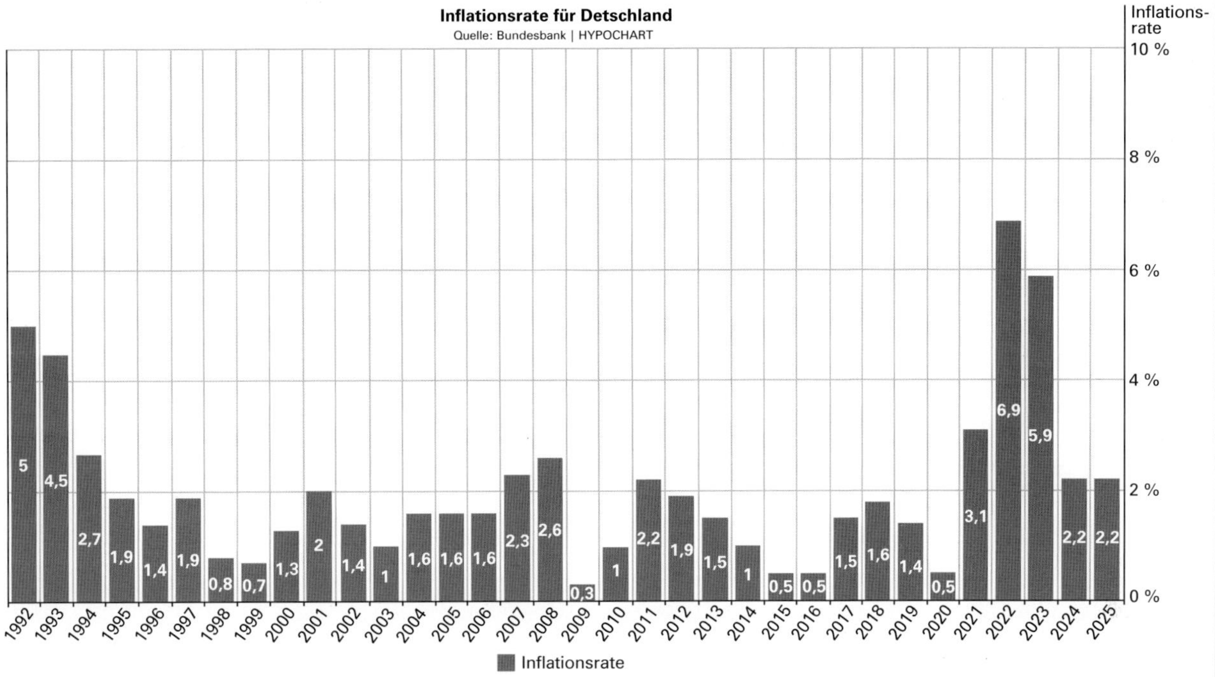

Quelle: https://www.hypochart.de/inflation/ [Zugriff vom 09. 12. 2025].

Aufgabe 22

Dietmar Wunderlich arbeitet in der Marketingabteilung der Merkurbank eG. Sein Gehalt stieg im Jahr 2024 um 5,2 % im Vergleich zum Vorjahr.

Ermitteln Sie die Realeinkommensentwicklung von Dietmar Wunderlich in Prozent, wenn im selben Zeitraum die Preise, wie in obiger Grafik prognostiziert, angestiegen sind.

Tragen Sie das Ergebnis in die Kästchen ein. ⇨ ☐ , ☐☐ %

Aufgabe 23

Stellen Sie fest, welche der folgenden Aussagen auf die Grafik „Inflationsrate in Deutschland" zutrifft.

1. Seit dem Jahr 1992 haben wir sowohl Phasen einer Inflation als auch Phasen einer Deflation zu verzeichnen gehabt.
2. Die Spargutgaben der Arbeitnehmer haben im Betrachtungszeitraum nominal ständig an Wert verloren.
3. Im Zeitraum von 2021 bis 2024 sind die Preise um insgesamt 18,1 % gestiegen.
4. Im Jahr 2022 waren alle Waren des Warenkorbes um 6,9 % teurer als 2021.
5. Im Betrachtungszeitraum 1992 bis 2024 sind die Verbraucherpreise ständig gestiegen, sodass auch die Kaufkraft jährlich gesunken ist.

Tragen Sie die Ziffer vor der zutreffenden Aussage in das Kästchen ein. ⇨ ☐

Situation zu den Aufgaben 24 bis 26

Lohn- und Gewinnquote sowie der Außenbeitrag sind wichtige Orientierungsgrößen im Rahmen der Volkswirtschaftlichen Gesamtrechnung eines Landes.

Ihnen liegen folgende Daten aus der **volkswirtschaftlichen Gesamtrechnung** eines Landes vor:

• BIP	1.945 Mrd. EUR
• Volkseinkommen	1.503 Mrd. EUR
• Unternehmens- und Vermögenseinkommen	457 Mrd. EUR
• Exporte	224 Mrd. EUR
• Importe	165 Mrd. EUR

Aufgabe 24

Berechnen Sie die Lohnquote unter Verwendung der oben stehenden Daten (Ergebnis auf zwei Stellen nach dem Komma runden).

Tragen Sie das Ergebnis in die Kästchen ein. ⇨ ☐☐,☐☐ %

Aufgabe 25

Ermitteln Sie den Außenbeitrag in Mrd. EUR.

Tragen Sie das Ergebnis in die Kästchen ein. ⇨ ☐☐ Mrd. EUR

Aufgabe 26

Stellen Sie fest, welche der folgenden Aussagen bezüglich der Lohnquote unzutreffend ist. Nicht genannte Einflussfaktoren bleiben unberücksichtigt.

1. Bei steigendem Volkseinkommen erhöht sich das Arbeitnehmerentgelt trotz konstanter Lohnquote.
2. Bei sinkender Lohnquote sinkt das Arbeitnehmerentgelt, sofern das Volkseinkommen gegenüber dem Vorjahr konstant bleibt.
3. Bei steigendem Volkseinkommen und sinkender Gewinnquote bleibt die Lohnquote konstant.
4. Steigen das Volkseinkommen um 5 % und die Gewinnquote um 3 %, dann steigt die Lohnquote um 2 %.
5. Bleibt das Volkseinkommen gegenüber dem Vorjahr konstant, dann erhöhen sich die Arbeitnehmerentgelte, sofern die Lohnquote steigt.

Tragen Sie die Ziffer vor der zutreffenden Aussage in das Kästchen ein. ⇨ ☐

Aufgabe 27

Die Deutsche Bundesbank erstellt die monatliche Zahlungsbilanz für die Bundesrepublik Deutschland und veröffentlicht einige Wochen nach Ende des Berichtsmonats die Ergebnisse der Zahlungsbilanz in tieferer sachlicher und regionaler Untergliederung.

Ordnen Sie den Positionen der Zahlungsbilanz die entsprechenden wirtschaftlichen Vorgänge zu.

Positionen der Zahlungsbilanz

1. Warenhandel
2. Dienstleistungen
3. Primäreinkommen
4. Sekundäreinkommen
5. Vermögensänderungen

Wirtschaftliche Vorgänge

a) Die Bundesrepublik Deutschland überweist ihren Beitrag an die Vereinten Nationen. ⇨ ☐

b) Ein Importeur in Deutschland bezieht Hemden aus Singapur. ⇨ ☐

c) Ein Rentner überweist die Pacht für einen Weinberg in Frankreich von seinem Konto bei der Merkurbank eG auf ein Konto bei der Commercial Banque in Paris. ⇨ ☐

d) Ein japanischer Reiseveranstalter überweist Hotelkosten nach Deutschland. ⇨ ☐

e) Ein ausländischer Erbe überweist die Erbschaftsteuer an das Finanzamt in Deutschland. ⇨ ☐

Aufgabe 28

Nach dem Gesetz gegen Wettbewerbsbeschränkungen (GWB) sind wettbewerbsbeschränkende Vereinbarungen verboten. Stellen Sie fest, welche Information zu Kartellen richtig ist.

1. Vereinbarungen von Unternehmen der gleichen Branche über Preise und Quoten sind nur dann verboten, wenn daraus gegenüber anderen Marktteilnehmen eine missbräuchliche Ausnutzung der Marktmacht erfolgt.
2. Ein Kartell ist eine bestimmte Form der Fusion und hat weder rechtliche noch wirtschaftliche Auswirkungen auf die beteiligten Unternehmen.
3. Mittelstandskartelle sind gemäß GWB grundsätzlich erlaubt, sofern die Vereinbarungen die Wettbewerbsfähigkeit großer Unternehmen nicht verschlechtert.
4. Vom Kartellverbot freigestellt sind Kartellvereinbarungen, wenn durch die Vereinbarung die Warenerzeugung verbessert oder der technische Fortschritt gefördert wird und gleichzeitig die Verbraucher an dem entstehenden Gewinn angemessen beteiligt werden.
5. Vertikale Kartellvereinbarungen, z.B. eine Absprache zwischen Herstellern und Händlern über die Endverkaufspreise, sind vom Kartellverbot ausgenommen, da sie eine angemessene Entlohnung beider Vertragspartner gewährleisten.

Tragen Sie die Ziffer vor der zutreffenden Aussage in das Kästchen ein. ⇨ ☐

Situation zu den Aufgaben 29 und 30

Den Medien entnehmen Sie die folgenden Daten zu den Arbeitslosenzahlen der Monate September im Jahr 01 und September im Jahr 02.

Monat/Jahr	alle zivilen Erwerbspersonen in 1.000	registrierte Arbeitslose in 1.000
September 01	45.151	2.256
September 02	45.536	2.234

Aufgabe 29

Berechnen Sie aus den vorliegenden Daten die Arbeitslosenquote im September im Jahr 02. (Rundung auf eine Stelle hinter dem Komma.)

Tragen Sie das Ergebnis in die Kästchen ein. ⇨ ☐ , ☐ %

Aufgabe 30

Ermitteln Sie die Veränderung der Arbeitslosenquote gegenüber September im Jahr 01 in %. (Rundung auch von Zwischenergebnissen auf eine Stelle hinter dem Komma.)

Tragen Sie das Ergebnis in die Kästchen ein. ⇨ ☐ %

Aufgabe 31

Wechselkurse können sich an den Devisenmärkten frei bilden oder sind zwischen zwei Währungen festgelegt.

Stellen Sie fest, welche der nachfolgenden Aussagen in diesem Zusammenhang zutreffend sind.

1. Feste Wechselkurse bieten Planungs- und Kalkulationssicherheit für Außenhandelsgeschäfte.
2. Freie Wechselkurse führen tendenziell zur importierten Inflation.
3. Freie Wechselkurse erfordern Interventionen der nationalen Zentralbanken an den Devisenbörsen.
4. Freie Wechselkurse verteuern Außenhandelsgeschäfte durch abzuschließende Devisentermingeschäfte.
5. Feste Wechselkurse machen Währungsspekulationen langfristig unmöglich.
6. Feste Wechselkurse führen bei stark nachgefragten Währungen zum Abbau von Devisenreserven.

Tragen Sie die Ziffern vor den zutreffenden Aussagen in die Kästchen ein. ⇨ ☐ ☐

1 Rechtliche Rahmenbedingungen

Aufgabe 1

a) **3.** b) **4.** c) **2.** d) **1.**

Aufgabe 2

Richtig ist die Aussage **3.**

zu 1.: Kaufvertrag (§ 433 BGB)

zu 2.: Kaufvertrag (§ 433 BGB)

zu 4.: Kündigung (§ 622 BGB)

zu 5.: Leihvertrag (§ 598 BGB)

Aufgabe 3

Richtig ist die Aussage **5.**

Melissa Beritic ist erst mit Vollendung des 18. Lebensjahres voll geschäftsfähig. Da es sich um einen Ausbildungsvertrag handelt, ist eine Zustimmung der gesetzlichen Vertreter zur Kontoeröffnung zwingend erforderlich.

Aufgabe 4

Richtig ist die Aussage **4.**

Kreditaufnahme, die der Zustimmung der Eltern als gesetzliche Vertretung und der Zustimmung des Familiengerichts bedarf.

zu 1.: Zustimmung nur der Eltern.

zu 2.: Hilal handelt für die Digital Office GmbH als Bote.

zu 3.: Schenkung bedeutet für Hilal nur einen rechtlichen Vorteil.

zu 5.: Beantragung mit Zustimmung der Eltern; Verfügungen mit einer Prepaid-Kreditkarte innerhalb des Guthabens.

Aufgabe 5

Richtig ist die Aussage **5.**

zu 1.: Die Rechtsfähigkeit beginnt mit der Geburt und endet mit dem Tod, maßgeblich für die Rechtswirksamkeit von Verträgen ist aber die Geschäftsfähigkeit.

zu 2.: Grundsätzlich können beschränkt geschäftsfähige Jugendliche natürlich Geld ansparen, aus dem Fall geht aber nicht hervor, woher die Ersparnisse stammen und ob die gesetzlichen Vertreter von Frau Amrum einer freien Verwendung zugestimmt haben.

zu 3.: Diese sind zwar Voraussetzung für die Gültigkeit eines Vertrages, Frau Amrum ist zum Zeitpunkt des Vertragsschlusses aber beschränkt geschäftsfähig, sodass der Vertrag einer Einwilligung der gesetzlichen Vertreter bedarf.

zu 4.: Frau Amrum ist beschränkt geschäftsfähig.

zu 5.: Wenn die gesetzlichen Vertreter die Zustimmung verweigern, ist der Vertrag nichtig.

Aufgabe 6

Richtig ist die Aussage **4.**

Shin ist mit fünf Jahren rechtsfähig, aber noch geschäftsunfähig; somit kann er keine rechtsgültigen Willenserklärungen abgeben.

Aufgabe 7

a) **1.** b) **2.** c) **3.** d) **3.** e) **1.**

zu a): Antrag der Digital Office GmbH

zu b): Annahme eines noch gültigen Angebots

zu c): Nur Information, ohne konkrete Stellung eines Antrages

zu d): An Allgemeinheit gerichtete Werbung ohne konkreten Antrag

zu e): Nach der Befristung stellt die Bestellung einen neuen Antrag dar

2 Abschluss von Rechtsgeschäften

Aufgabe 8

Richtig ist die Aussage **2.**

zu 1.: Der Verkauf setzt den unmittelbaren Besitz nicht voraus.

zu 3.: Die Merkurbank eG wird lediglich unmittelbarer Besitzer, durch den Verwahrvertrag bleibt der Privatkunde Eigentümer.

zu 4.: Siehe 3.

zu 5.: Siehe 3.

Aufgabe 9

Richtig ist die Aussage **3.**

zu 1.: Rechtliche Verfügungsgewalt – Eigentum, tatsächliche Verfügungsgewalt – unmittelbarer Besitz.

zu 2.: Unmittelbarer Besitz setzt nicht den Eigentumserwerb voraus.

zu 4.: Die Merkurbank eG hat keinen Zugriff auf das Schließfach.

zu 5.: Die Kundin wird erst durch die Übergabe der Goldbarren unmittelbare Besitzerin und Eigentümerin.

Aufgabe 10

Richtig ist die Aussage **5.**

Die Digital Office GmbH bleibt bis zur Lieferung der Beratertische (Übergabe = Eigentumsübertragung) Eigentümer und Besitzer der Beratertische. Die Sofortüberweisung stellt rechtlich die Erfüllung der Kaufvertragsverpflichtung für die Merkurbank eG dar.

Aufgabe 11

Richtig ist die Aussage **4.**

zu 1.: Eigentumserwerb erst mit Eintragung im Grundbuch

zu 2.: Eigentumserwerb erst nach Bezahlung

zu 3.: Eigentumserwerb erst mit Lieferung des Dienstwagens

zu 5.: Die Merkurbank eG wird unmittelbarer Besitzer, aber durch den Pfandvertrag kein Eigentümer

Aufgabe 12

a) **1.** b) **4.** c) **4.** d) **2.** e) **3.** f) **4.**

zu a): Die Kündigung ist ein **einseitiges empfangsbedürftiges** Rechtsgeschäft.

zu b): Der Kaufvertrag ist ein **zweiseitig verpflichtendes** Rechtsgeschäft.

zu c): Der Pachtvertrag ist ein **zweiseitig verpflichtendes** Rechtsgeschäft.

zu d): Das Testament ist ein **einseitiges nicht empfangsbedürftiges** Rechtsgeschäft.

zu e): Die Bürgschaft ist ein **zweiseitiges, aber nur einseitig verpflichtendes** Rechtsgeschäft.

zu f): Der Überweisungsvertrag ist ein **zweiseitig verpflichtendes** Rechtsgeschäft.

3 Kaufvertrag

Aufgabe 13

Richtig ist die Aussage **1.**

zu 2.: Nachfristsetzung ist erforderlich.

zu 3.: Nachfristsetzung ist erforderlich.

zu 4.: Die Garantieansprüche der Digital Office GmbH gegenüber dem Hersteller sind für das Vertragsverhältnis zwischen der Digital Office GmbH und der Merkurbank eG irrelevant.

zu 5.: Eine Nacherfüllung gilt nach **zwei** erfolglosen Nachbesserungsversuchen als fehlgeschlagen.

Aufgabe 14

a) **3.**: Sogenannter Motivirrtum

b) **2.**: Ein Grundstückskaufvertrag muss notariell beurkundet werden

c) **1.**: Übermittlungsirrtum

d) **2.**: Bürgschaften von Privatpersonen müssen nach BGB schriftlich abgeschlossen werden

e) **3.**: Der Kaufauftrag für die Goldbarren ist gültig, sodass der Kunde die Goldbarren annehmen muss

Aufgabe 15

Richtig ist die Aussage **4.**

Birigit Ratai ist als Einzelprokuristin zum Abschluss des Kaufvertrages alleine berechtigt.

Aufgabe 16

21.09.2023 Mit der Übergabe der Ware.

Aufgabe 17

29.09.2023 Mit Gutschrift des Rechnungsbetrages.

Aufgabe 18

Richtig ist die Aussage **3.**

zu 1.: Kein bestimmtes Formular verpflichtend

zu 2.: 14 Tage Widerrufsrecht

zu 4.: Information bereits vor Kaufabschluss erforderlich

zu 5.: Angabe umfassender Informationen: Firma, Anschrift, Telefonnummer, ...

Aufgabe 19

Richtig ist die Aussage **2.**

Die Anzeige stellt kein bindendes Vertragsangebot dar, es handelt sich im rechtlichen Sinne um eine „Aufforderung zur Abgabe eines Angebots“. Erst mit Ihrer Bestellung geben Sie ein Angebot ab.

zu 1.: Die anbietende Firma ist nicht an das Angebot gebunden.

zu 3.: Die Anzeige richtet sich an die Allgemeinheit.

zu 4.: Siehe richtige Lösung.

zu 5.: Siehe richtige Lösung 2., ansonsten müsste jedem Interessenten ein Gerät zum beworbenen Preis geliefert werden.

Aufgabe 20

Richtig ist die Aussage **4.**

Anfechtung wegen arglistiger Täuschung durch den Fahrradhändler

zu 1.: Dies war hier nicht möglich, da der Schaden bei Übergabe des Fahrrads nicht erkennbar war.

zu 2.: Eine wirksame Anfechtung führt zur Nichtigkeit des Vertrages (rückwirkend).

zu 3.: Hierbei handelt sich um arglistige Täuschung.

zu 5.: Die Nichtigkeit entsteht erst nach wirksamer Anfechtung.

Aufgabe 21

Richtig ist die Aussage **4.**

Verkauf einer **beweglichen Sache** durch einen Unternehmer (§ 14 BGB) als Verkäufer an eine Verbraucherin (§ 13 BGB) als Käuferin.

Aufgabe 22

Richtig ist die Aussage **2.**

zu 1.: Ein Katalog stellt kein verbindliches Angebot dar, da neben der VR-Brille auch andere Produkte angeboten werden.

zu 3.: Der Vertrag kommt mit Zusendung der bestellten Ware zustande.

zu 4.: Zahlungsfrist 30 Tage nach Rechnungserhalt.

zu 5.: Der Eigentumsvorbehalt ist unabhängig von der Zahlungsart.

Aufgabe 23

Richtig ist die Aussage **5.**

zu 1.: Gesetzliche Gewährleistungsansprüche 2 Jahre bei Neuwaren

zu 2.: Ausschluss der Gewährleistung nicht möglich

zu 3.: Keine Unterschiede bei der gesetzlichen Gewährleistung

zu 4.: Die Digital Office GmbH muss beweisen, dass die Ware ordnungsgemäß geliefert wurde

Aufgabe 24

Richtig ist die Aussage **1.**

Die Eltern haben dem Kauf nicht zugestimmt.

zu 2.: Nachträgliche Zustimmung möglich.

zu 3.: Taschengeldparagraf trifft hier nicht zu, da das Geld der Oma kein Taschengeld darstellt.

zu 4.: Die Eltern wären nicht einverstanden gewesen.

zu 5.: Es gibt keine derartige Frist.

Aufgabe 25

Richtig ist die Aussage **2.**

zu 1.: Diese Aussage trifft auf einen Darlehensvertrag zu.

zu 3.: Der Mieter ist nicht verpflichtet, den Mangel zu beseitigen.

zu 4.: Siehe 2., es erfolgt keine Eigentumsübertragung.

zu 5.: Diese Aussage trifft auf den Pachtvertrag zu.

Aufgabe 26

a) **2.** b) **4.** c) **1.** d) **3.**

Aufgabe 27

Richtig ist die Aussage **4.**

Schadenersatz statt der ganzen Leistung ist der Ersatz des Schadens, der durch die Nichtdurchführung des gesamten Vertrages entstanden ist.

Der Gläubiger ist so zu stellen, wie er bei ordnungsgemäßer Erfüllung des Vertrages gestanden hätte.

Der Gläubiger muss dem Schuldner u. a. eine angemessene Frist zur Leistung oder Nacherfüllung setzen.

zu 1.: Kein Verzögerungsschaden, daher gilt: Der Schadenersatz statt der ganzen Leistung ist der Ersatz des Schadens, der durch die Nichtdurchführung des gesamten Vertrages entstanden ist.

zu 2.: Minderung wird nicht verlangt, sondern der Schadenersatz statt der ganzen Leistung in Höhe der Differenz für die Ersatzbeschaffung.

zu 3.: Es sind keine vergeblichen Aufwendungen entstanden.

zu 5.: Nachbesserung kann nur bei erfolgter Erfüllung geltend gemacht werden.

Aufgabe 28

Richtig ist die Aussage **3.**, siehe § 439 BGB.

zu 1.: Der Zahlungsverzug schränkt die gesetzlichen Nacherfüllungsansprüche nicht ein.

zu 2.: Der Verkäufer muss weder die Maschine zurücknehmen noch liegt die Beweislast beim Kunden.

zu 4.: Der Verkäufer kann die vom Käufer gewährte Art der Nacherfüllung nur verweigern, wenn sie für ihn mit unverhältnismäßigen Kosten verbunden ist.

zu 5.: Der Kaufvertrag ist rechtswirksam zustandegekommen.

Aufgabe 29

Richtig ist die Aussage **4.** gemäß § 477 BGB.

Aufgabe 30

Richtig ist die Aussage **1.**

Aufgabe 31

Richtig sind die Aussagen **1.** und **4.**

zu 2.: Der Vertrag bleibt weiterhin gültig.

zu 3.: Nur wesentliche Benachteiligungen des Kunden führen zu einer Unwirksamkeit.

zu 5.: Der Kunde muss den Allgemeinen Geschäftsbedingungen zustimmen.

zu 6.: Einzelvertragliche Vereinbarungen haben Vorrang vor abweichenden AGB.

Aufgabe 32

Richtig sind die Aussagen **1.** und **6.**

zu 2.: Sollten Regelungen in den AGB unwirksam werden, hat dies keine Auswirkungen auf die individuell vereinbarten Vertragsinhalte.

zu 3.: Unwirksamkeit gilt nur bei wesentlichen Gegensätzen zu den gesetzlichen Vorgaben und Benachteiligungen des Verbrauchers (siehe § 309 BGB).

zu 4.: Die Einführung neuer Allgemeiner Geschäftsbedingungen muss nicht von der zuständigen IHK genehmigt werden.

zu 5.: Die Kunden müssen vor Vertragsabschluss von den neuen AGB in Kenntnis gesetzt werden oder durch sichtbaren Aushang informiert werden (§ 305 BGB).

Aufgabe 33

Richtig ist die Aussage **4.**

zu 1.: Die GmbH hat eine eigene Rechtspersönlichkeit und wird Eigentümerin des Grundstückes.

zu 2.: Die GmbH hat eine eigene Rechtspersönlichkeit und wird Eigentümerin des Grundstückes.

zu 3.: Die GmbH hat eine eigene Rechtspersönlichkeit und wird Eigentümerin des Grundstückes.

zu 5.: Eigentümer eines Grundstückes dürfen nur rechtsfähige, natürliche und juristische Personen sein.

Aufgabe 34

Richtig ist die Aussage **2.**

zu 1.: Ein Eigentumsvorbehalt schützt den Verkäufer vor ungewolltem Eigentumsverlust durch die Übergabe der Sache, die jedoch noch nicht bezahlt wurde.

zu 3.: Ein Eigentumsvorbehalt ist in der Regel Gegenstand der Allgemeinen Geschäftsbedingungen.

zu 4.: Sobald der Multiscanner im Besitz der Digital Office GmbH ist, kann er auch bilanziert werden.

zu 5.: Die Übertragung des Eigentums an einer Sache ohne Eigentumsvorbehalt erfolgt durch die Übergabe der Sache, also am 04.07.20..

Aufgabe 35

Richtig ist die Aussage **5.**

Eigentumsübertragung an einem Grundstück durch Einigung (Auflassung) der Vertragspartner und die Eintragung in das Grundbuch (Erfüllung).

zu 1.: Der Eigentumsübergang durch den Kaufvertrag ist noch nicht erfolgt.

zu 2.: Der Kaufvertrag ist nur die Verpflichtungserklärung der Vertragspartner, der Eigentumsübergang findet erst bei Übergabe der Ware statt.

zu 3.: Beim Leasing erfolgt kein Eigentumsübergang.

zu 4.: Bei der Verpfändung findet kein Eigentumsübergang statt.

4 Sicherheit, Gesundheits- und Umweltschutz

Aufgabe 36

Richtig ist die Aussage **1.**

Diese Maßnahme führt nicht zur Senkung des Verbrauches, sondern dient in erster Linie der Reduzierung der Stromkosten.

Aufgabe 37

Richtig ist die Aussage **4.**

Alle anderen Maßnahmen dienen nicht ökologischen, sondern finanziellen Zielsetzungen.

Aufgabe 38

Richtig ist die Aussage **3.**

zu 1.: Der Wechsel zu einem günstigen Stromanbieter senkt die Energiekosten, nicht jedoch den Verbrauch.

zu 2.: Die Kreditvergabe stellt eine indirekte Maßnahme dar.

zu 4.: Es handelt sich um eine indirekte Maßnahme, da die Funktion des Druckens ausgelagert wird.

zu 5.: Klimageräte verschlechtern wegen ihres hohen Energieverbrauches eher die Umweltbilanz.

Aufgabe 39

Richtig ist die Aussage **2.**

5 Berufsausbildung, Arbeits- und Tarifrecht

Aufgabe 40

Die Probezeit beträgt maximal vier Monate und endet mit Ablauf des **30. 11. 2026.**

Aufgabe 41

Richtig ist die Aussage **5.**

Mellina Djokovic ist beschränkt geschäftsfähig, sodass die Genehmigung der Eltern als gesetzliche Vertreter zur Wirksamkeit des Ausbildungsvertrages erforderlich ist.

Aufgabe 42

Richtig sind die Aussagen **1.** und **6.**

zu 2.: Kündigung nur bei wichtigem Grund ohne Kündigungsfrist.

zu 3.: Das Ausbildungsverhältnis endet mit Bestehen der Abschlussprüfung, ggf. auch vor Ende der vereinbarten Ausbildungszeit.

zu 4.: Es gilt eine generelle Freistellung für den Besuch der Berufsschule.

zu 5.: Laut BBiG ist es unzulässig, eine Entschädigung zu verlangen. Es besteht vielmehr eine Vergütungspflicht für das ausbildende Unternehmen.

Aufgabe 43

a) **6.** b) **5.** c) **3.** d) **4.**

Aufgabe 44

Richtig ist die Aussage **3.**

zu 1.: Nur bei wichtigem Grund

zu 2.: Kündigung durch Ausbildenden nur bei wichtigem Grund fristlos

zu 4.: Schriftform

zu 5.: Zustimmung des Ausbildenden nicht erforderlich

Aufgabe 45

a) **3.** b) **5.** c) **1.** d) **6.** e) **2.** f) **4.**

Aufgabe 46

Richtige Lösung: **24 Werktage**

Herrn Henning stehen gem. § 3 Bundesurlaubsgesetz **24 Werktage** Jahresurlaub zu.

Aufgabe 47

Richtig ist die Aussage **3.**

Herrn Henning steht gem. § 4 Bundesurlaubsgesetz der volle Jahresurlaub erst nach einer Wartezeit von 6 Monaten zu, also ab dem 01.07.

Aufgabe 48

Richtig ist das Datum mit der Ziffer **2.**

Gem. § 7 Bundesurlaubsgesetz muss Herrn Henning sein Jahresurlaub in den ersten 3 Monaten des Folgejahres gewährt werden.

Aufgabe 49

Richtige Lösung: **10 Werktage**

Gem. § 3 Bundesurlaubsgesetz stehen der Angestellten Heike Wiemann noch 10 Werktage Urlaub zu.

Aufgabe 50

Richtige Lösung: **4 Tage**

Gem. § 9 Bundesurlaubsgesetz werden die durch ärztliches Zeugnis nachgewiesenen Tage der Arbeitsunfähigkeit auf den Jahresurlaub nicht angerechnet.

Aufgabe 51

Richtig ist die Aussage **4.**

Begründung: Gem. § 7 Bundesurlaubsgesetz ist dem Arbeitnehmer ein wegen Beendigung des Arbeitsverhältnisses nicht gewährter Urlaub abzugelten.

Aufgabe 52

a) **2.**	b) **1.**	c) **3.**	d) **5.**	e) **6.**	f) **4.**

Aufgabe 53

Richtig ist die Aussage **2.**

Die Ausbildungsvergütung muss jährlich gemäß BBiG ansteigen.

Aufgabe 54

30. 11. 2026

Aufgabe 55

Richtig ist die Aussage **4.**

Aufgabe 56

Richtig sind die Aussagen **3.** und **5.**

zu 1.: Freiwillige Leistung des Arbeitgebers, kein Anspruch

zu 2.: Mutterschutzfrist unabhängig vom Urlaubsanspruch

zu 4.: Sie erhält in dieser Zeit Mutterschaftsgeld in Höhe ihres bisherigen Nettoeinkommens

zu 6.: Kündigungsverbot besteht nur für den Arbeitgeber

Aufgabe 57

15. 11. 2026

- Beschäftigungsdauer weniger als zwei Jahre
- Kündigung des Arbeitsverhältnisses mit einer Frist von vier Wochen zum 15. oder zum Ende des Kalendermonats
- Nächstmöglicher Termin 15. 11. 2026.

Aufgabe 58

Richtig ist die Aussage **2.**

zu 1. und 3.: Kündigungschutzgesetz greift erst ab einer Beschäftigungsdauer von sechs Monaten.

zu 4.: Die Zeit der Berufsausbildung wird nicht berücksichtigt.

zu 5.: Der Betriebsrat muss der Kündigung innerhalb von einer Woche widersprechen.

Aufgabe 59

Richtig sind die Aussagen **4.** und **6.**

Aufgabe 60

Richtig ist die Aussage **3.**

zu 1.: Die Kündigung ist unwirksam, wenn der Betriebsrat **vor** der Kündigung nicht angehört wurde.

zu 2.: Siehe 1.

zu 4.: Vorerst Weiterbeschäftigung bis Kündigungsschutzurteil vorliegt

zu 5.: Siehe 1.

Aufgabe 61

Richtig sind die Aussagen **2.** und **5.**

§ 3 KSchG Kündigungseinspruch

Hält der Arbeitnehmer eine Kündigung für sozial ungerechtfertigt, so kann er binnen einer Woche nach der Kündigung Einspruch beim Betriebsrat einlegen. Erachtet der Betriebsrat den Einspruch für begründet, so hat er zu versuchen, eine Verständigung mit dem Arbeitgeber herbeizuführen. Er hat seine Stellungnahme zu dem Einspruch dem Arbeitnehmer und dem Arbeitgeber auf Verlangen schriftlich mitzuteilen.

§ 4 KSchG Anrufung des Arbeitsgerichts

Will ein Arbeitnehmer geltend machen, dass eine Kündigung sozial ungerechtfertigt oder aus anderen Gründen rechtsunwirksam ist, so muss er innerhalb von drei Wochen nach Zugang der Kündigung Klage beim Arbeitsgericht auf Feststellung erheben, dass das Arbeitsverhältnis durch die Kündigung nicht aufgelöst ist. Im Falle des § 2 ist die Klage auf Feststellung zu erheben, dass die Änderung der Arbeitsbedingungen sozial ungerechtfertigt oder aus anderen Gründen rechtsunwirksam ist. Hat der Arbeitnehmer Einspruch beim Betriebsrat eingelegt (§ 3), so soll er der Klage die Stellungnahme des Betriebsrats beifügen. Soweit die Kündigung der Zustimmung einer Behörde bedarf, läuft die Frist zur Anrufung des Arbeitsgerichts erst von der Bekanntgabe der Entscheidung der Behörde an den Arbeitnehmer ab.

Aufgabe 62

Richtig ist die Aussage **5.**

Aufgabe 63

Ergebnis: **13 Tage**

Rechenweg:

30 Urlaubstage : 12 Monate = 2,5 Urlaubstage pro Monat

Beschäftigungsdauer in 2026:

5 Monate · 2,5 Urlaubstage = 12,5, aufrunden auf 13 Tage

Aufgabe 64

Richtig ist die Aussage **1.**

zu 1.: Eine derartige ausgestaltete Vereinbarung ist in fast allen mittelgroßen und großen Unternehmen zwischen Betriebsrat und Unternehmen in einer Betriebsvereinbarung festgelegt worden.

zu 2.: Betriebsrat muss im Vorfeld informiert werden.

zu 3.: Betriebsrat wirkt vorher an der Stellenbesetzung mit.

zu 4.: Betriebsrat wirkt vorher an der Stellenausschreibung mit.

zu 5.: Betriebsrat wirkt an der internen Stellenbesetzung mit.

18 Merkur-Nr. 1853

6 Grundzüge des Einkommensteuerrechts

Aufgabe 65

Ergebnis: **2.910,00 EUR**

Rechenweg:

	Bruttogehalt	2.890,00 EUR
+	VL-Arbeitgeber	20,00 EUR
=	steuer- und sozialversicherungspflichtiges Gehalt	2.910,00 EUR

Aufgabe 66

Richtig ist die Aussage **3.**

zu 1.: Beruflich bedingte Fortbildungskosten sind Werbungskosten

zu 2.: Werbungskosten

zu 4.: Werbungskosten

zu 5.: Nein, alle genannten Aufwendungen sind steuermindernd abzugsfähig

Aufgabe 67

Richtig sind die Aussagen **3.** und **6.**

Zu 1.: Werbungskosten

Zu 2.: Nur Haftpflichtversicherung ansetzbar

Zu 4.: Sonderausgaben

Zu 5.: Sonderausgaben

Aufgabe 68

Richtig ist die Aussage **2.**

Zu 1.: Automatische Zuordnung in die Steuerklasse IV.

Zu 3.: Wahlmöglichkeiten: IV und IV bei annähernd gleichen Bruttogehältern, III (höheres Bruttogehalt) und V (niedrigeres Bruttogehalt)

Zu 4.: Steuerklasse VI

Zu 5.: Siehe Antwort zu 1

Aufgabe 69

Richtig ist die Aussage **2.**

Sozialversicherungszweig der Arbeitslosenversicherung entspricht als Trägerin die Bundesagentur für Arbeit. Das Kurzarbeitergeld ist eine ihrer Leistungen.

Zu 1.: Leistung: gesetzliche Altersvorsorge

Zu 3.: Träger: gesetzliche Krankenkassen (Primär- und Ersatzkassen)

Zu 4.: Träger: soziale Pflegekassen

zu 5.: Leistungen: z. B. Übergangsgeld für die Dauer einer berufsbedingten Arbeitslosigkeit

Aufgabe 70

Ergebnis: **5.180,00 EUR**

Rechenweg:

Haftpflichtversicherungsbeiträge (Kfz-Haftpflicht, Privathaftpflicht)	450,00 EUR
+ Arbeitnehmeranteil zur gesetzlichen Sozialversicherung	4.520,00 EUR
+ gezahlte, abzüglich erstatteter Kirchensteuer	210,00 EUR
= gesamte Sonderausgaben	5.180,00 EUR

Aufgabe 71

Ergebnis: **479,42 EUR**

Rechenweg:

5.155,00 EUR · 9,3 % (Hälfte des allgemeinen Beitragssatzes zur Rentenversicherung) = 479,42 EUR

Aufgabe 72

Richtig ist die Aussage **5.**

zu 1.: Lohnnebenkosten vermindern bzw. erhöhen sich bei einer Änderung der Beitragsbemessungsgrenze.

zu 2.: Belastung der Angestellten der Merkurbank eG bleibt konstant, wenn der Beitragssatz zur Krankenversicherung um 0,6 Prozentpunkte steigt und der Beitragssatz zur Arbeitslosenversicherung um 0,6 Prozentpunkte sinkt.

zu 3.: Keine Verpflichtung zum Wechsel.

zu 4.: Lohnnebenkosten erhöhen sich.

Aufgabe 73

Ergebnis: **41,60 EUR**

Rechenweg:

3.200,00 EUR · 1,3 % (halber Beitragssatz) = 41,60 EUR

Aufgabe 74

Ergebnis: **104,63 EUR**

Rechenweg:

5.812,50 EUR (maximal Beitragsbemessungsgrenze) · 1,8 % (halber Beitragssatz; ohne Zusatzbeitrag, da ein Kind)

Aufgabe 75

Richtig sind die Aussagen **1.** und **6.**

zu 2.: Keine Befreiung, sondern begrenzter Abzug bis maximal von der Beitragsbemessungsgrenze.

zu 3.: Kein Einfluss für Herrn Mukile – Er liegt unter den Beitragsbemessungsgrenzen.

zu 4.: Die Belastung erhöht sich, da der Beitrag nun von den erhöhten Beitragsbemessungsgrenzen berechnet wird.

zu 5.: Keine Befreiung, sondern begrenzter Abzug bis maximal von der Beitragsbemessungsgrenze.

Aufgabe 76

a) **1.** b) **2.** c) **2.** d) **3.** e) **1.**

Aufgabe 77

Richtig ist die Aussage **2.**

Aufgabe 78

Richtig ist die Aussage **3.**

Zu 1.: Automatische Anpassung auf Steuerklasse IV.

Zu 2. und 4.: Steuerklasse III und V, jedoch würde der Ehepartner mit Steuerklasse V einen höheren Steuerabzug als in Steuerklasse IV haben und insgesamt würden Sie mehr Steuern zahlen.

Lohn/Gehalt in EUR	Lohnsteuer in Steuerklasse				
	I/IV	II	III	V	VI
3.191,99	390,00	294,58	121,50	731,83	774,33

https://www.steuertipps.de/beruf-job/einnahmen-lohn-gehalt/lohnsteuertabelle#odocid_67956862-7bc6-42ab-8ab9-bd8a7689a0e5_frg_e711

zu 5.: Steuerklassen I und IV haben den gleichen Steuerabzug.

Aufgabe 79

Ergebnis: **139,50 EUR**

Rechenweg:

5.812,50 EUR · (1,8 % + 0,6 %, da kinderlos) = 139,50 EUR

Aufgabe 80

Ergebnis: **75,92 EUR**

Rechenweg:

5.840,00 EUR · 1,3 % = 75,92 EUR

Aufgabe 81

a) **2.** b) **3.** c) **1.** d) **3.**

Aufgabe 82

a) **4.** b) **1.** c) **5.** d) **3.** e) **2.**

7 Betriebsrat und Jugendauszubildendenvertretung

Aufgabe 83

Ergebnis: **43 Personen**

Wahlberechtigt (aktives Wahlrecht) sind gemäß §§ 60, 61 BetrVG:

- alle Arbeitnehmer, die das 18. Lebensjahr noch nicht vollendet haben oder
- die zu ihrer Berufsausbildung beschäftigt sind.

Alter	unter 18 Jahre	18 bis unter 25 Jahre	25 Jahre und älter
Auszubildende (Anzahl)	**8**	**32**	**2**
Arbeitnehmer (Anzahl)	**1**	12	470

8 + **32** + **2** + **1**= 43 Wahlberechtigte

Aufgabe 84

Richtig ist die Aussage **5.**

zu 1.: Im Regelfall ist nur ein Mitglied teilnahmeberechtigt.

zu 2.: Werden bei Betriebsratssitzungen Angelegenheiten behandelt, die die Belange der Jugendlichen und Auszubildenden betreffen, haben alle Mitglieder der JAV Teilnahmerecht.

zu 3. und 4.: Im Regelfall ist nur ein Mitglied teilnahmeberechtigt. Werden bei Betriebsratssitzungen Angelegenheiten behandelt, die die Belange der Jugendlichen und Auszubildenden betreffen, haben alle Mitglieder der JAV Teilnahmerecht.

Aufgabe 85

Richtig sind die Aussagen **1.** und **3.**

zu 2. und 4.: Informations- und Beratungsrecht

zu 5. und 6.: Keine Zustimmung erforderlich

Aufgabe 86

a) **3.** b) **1.** c) **4.** d) **1.**

Aufgabe 87

Ergebnis: **9.385 Mitarbeiter**

• Mitarbeiter insgesamt (ohne Auszubildende)	8.830
• Auszubildende 16 Jahre und älter	555

Aufgabe 88

37 Betriebsratsmitglieder, da mehr als 9.000 Arbeitnehmer.

Aufgabe 89

Richtig ist die Aussage **2.**

Ansonsten gilt ein uneingeschränktes Zustimmungsrecht.

Aufgabe 90

Richtig ist die Aussage **1.**

Eine schriftliche Vereinbarung zwischen Arbeitgeber und Betriebsrat wird als Betriebsvereinbarung bezeichnet.

8 Tarifrecht

Aufgabe 91

a) **3.** b) **5.** c) **1.** d) **4.** e) **6.** f) **2.**

Aufgabe 92

a) **1.** b) **4.** c) **5.** d) **3.** e) **2.**

Aufgabe 93

Richtig ist die Aussage **2.**

Die Allgemeinverbindlichkeitserklärung bezieht sich nur auf einen Tarifvertrag, der durch Erklärung des Bundesministers für Arbeit und Soziales auch für nicht tarifgebundene Arbeitgeber ausgedehnt wird. Er gilt dann nach Eintragung in das Tarifregister für alle Arbeitgeber des Tarifbezirkes.

Aufgabe 94

31.12.2026

Frist drei Monate = 07.10.2026 und dann zum Schluss des nächsten Kalendervierteljahres (Quartal) = 31.12.2026

Aufgabe 95

Richtig sind die Aussagen **2.** und **6.**

zu 1.: Widerspruchsrecht → Weiterbeschäftigung bis Urteil des Arbeitsgerichtes

zu 3.: Siehe 1.

zu 4.: Anhörungsrecht

zu 5.: Den Antrag muss der betroffene Arbeitnehmer in der genannten Frist stellen

Aufgabe 96

a) **2.**	b) **4.**	c) **1.**	d) **6.**	e) **5.**	f) **3.**

Aufgabe 97

Richtig ist die Aussage **4.**

Betriebsvereinbarungen werden zwischen Arbeitgeber und Betriebsrat geschlossen und gelten unmittelbar und zwingend für alle Arbeitnehmer. Werden Arbeitnehmern durch die Betriebsvereinbarung Rechte eingeräumt, so ist ein Verzicht auf sie nur mit Zustimmung des Betriebsrats zulässig. Die Verwirkung dieser Rechte ist ausgeschlossen.

Aufgabe 98

Richtig sind die Aussagen **4.** und **5.**

zu 1.: Tariflöhne stellen Lohnuntergrenzen dar.

zu 2.: Allgemeinverbindlich bedeutet, dass der Tarifvertrag für alle Arbeitgeber des Tarifbezirkes gilt.

zu 3.: Mindestlohnregelung muss beachtet werden.

zu 6.: Mindestlöhne können auch dazu führen, dass Stellen unbesetzt bleiben.

Aufgabe 99

Der **4. Schritt** ist falsch.

Aussperrungen dürfen erst nach dem Beginn eines Streiks erfolgen (in dieser Aufgabe nach dem 6. Schritt).

9 Wirtschaftsordnung, Markt- und Preispolitik

Aufgabe 100

Richtig ist die Aussage **2.**

zu 1.: Sie handelt hier nach dem Minimalprinzip, da der günstigste Preis gesucht wird.

zu 2.: Das Ziel ist eine möglichst schnelle Lieferung bei gegebenem Kundenstamm.

zu 3: Minimalprinzip, sinkende Werbeausgaben.

zu 4.: Die Stabilisierung führt nicht zu Wachstum.

zu 5.: Sie handelt hier nach dem Minimalprinzip, da es ein festgelegtes Ziel gibt. → Bedürfnisse, Bedarf.

Aufgabe 101

Der Gleichgewichtspreis beträgt **1.690,00 USD**.

Preis je Tonne in USD	Kaufaufträge in Tonnen	kumulierte Kaufaufträge	Verkaufsaufträge in Tonnen	kumulierte Verkaufsaufträge	Umsatz
billigst	690		—		
1.675,00	100	960 (690 + 100 + 90 + 80)	110	520 (410 + 110)	520
1.680,00	90	860	120	640	640
1.690,00	80	770	130	**770**	**770** (größtmöglicher Umsatz)
bestens	—		410		

Aufgabe 102

1.675,00 USD je Tonne · 40 Tonnen = 67.000,00 USD

Aufgabe 103

Ergebnis: **600,00 USD Mehrerlös**

Rechenweg:

tatsächlicher Erlös (1.690,00 USD je Tonne · 40 Tonnen) =	67.600,00 EUR
– erwarteter Erlös (1.675,00 USD je Tonne · 40 Tonnen) =	67.000,00 USD
= Mehrlös	600,00 USD

Aufgabe 104

Richtig sind die Aussagen **4.** und **5.**

zu 1.: Erwartung steigender Gewinne induziert hohe/steigende Preise und die Nachfrage wird sinken.

zu 2.: Die Nachfrage nach dem Substitutionsgut wird steigen, die nach dem betrachteten Gut sinken.

zu 3.: Der Preis für das betrachtete Gut wird ebenfalls steigen und die Nachfrage tendenziell sinken.

zu 6.: Die Nachfrage wird nur steigen, wenn die sinkenden Rohstoffpreise an die Konsumenten weitergegeben werden.

Aufgabe 105

Richtig ist die Aussage **5.**

zu 1.: Die Nachfrage nach dem Gut wird sinken, da es sich nicht um ein lebensnotwendiges Gut handelt.

zu 2.: Ein niedriger Preis wird potenzielle Mitbewerber nicht reizen, als Anbieter auf den Markt zu treten.

zu 3.: Bei einem elastischen Nachfragerverhalten wird die Nachfrage bei steigenden Preisen sinken.

zu 4.: Der Monopolist kalkuliert mit langfristiger Kostendeckung.

Aufgabe 106

Richtig ist die Aussage **1.**

zu 1.: Der aktuelle Marktpreis liegt über dem Gleichgewichtspreis (Angebotsüberhang).

zu 2.: Auf einem Käufermarkt besteht ein Angebotsüberhang.

zu 3.: Auf einem Käufermarkt besteht ein Angebotsüberhang.

zu 4.: Bei einem Angebotsüberhang sinken die Preise tendenziell.

zu 5.: Auf einem Käufermarkt ist der Käufer, also der Nachfrager, in der stärkeren Position.

Aufgabe 107

Richtig ist die Aussage **3.**

Die Nachfrager haben keine vollständige Marktübersicht und können nicht sofort auf Preisunterschiede in anderen Regionen reagieren.

Alle anderen Aussagen kennzeichnen einen vollkommenen Markt.

zu 1.: Vollständige Markttransparenz

zu 2.: Fehlen von Präferenzen räumlicher, persönlicher und zeitlicher Art

zu 4.: Homogenität der Güter

zu 5.: Unendlich schnelle Reaktion der Markteilnehmer

Aufgabe 108

Richtig ist die Aussage **3.**

Alle anderen Aussagen kennzeichnen einen vollkommenen Markt.

Aufgabe 109

Richtig ist die Aussage **4.**

Zum Preis p_2 wird die Menge M_1 abgesetzt.

zu 1.: Zu dem Preis p_1 besteht ein Angebotsüberhang.

zu 2.: Eine Linksverschiebung der Nachfragekurve bewirkt unter sonst gleichbleibenden Bedingungen eine Preissenkung.

zu 3.: Zu dem Preis p_2 besteht ein Nachfrageüberhang.

zu 5.: Eine Rechtsverschiebung der Angebotskurve bewirkt unter gleichbleibenden Bedingungen eine Preissenkung.

Aufgabe 110

Richtig ist die Aussage **1.**

Es liegt ein preiselastisches Nachfrageverhalten vor. Die Nachfrageelastizität beträgt 3.

Nebenrechnung: $\frac{\text{prozentuale Mengenänderung } -6\,\%}{\text{prozentuale Preisänderung } +2\,\%} = -3\,\% \cdot (-1) = 3$

zu 2.: Die Nachfrageelastizität beträgt 0,1, es handelt sich daher um ein unelastisches Nachfrageverhalten.

zu 3.: Hier wird die Angebotselastizität betrachtet.

zu 4.: Hierbei handelt es sich um eine vollkommen unelastische Nachfrage.

zu 5.: Hierbei handelt es sich um eine proportional elastische Nachfrage.

Aufgabe 111

Richtig sind die Aussagen **3.** und **5.**

zu 1.: Angebotskurve verschiebt sich nach rechts.

zu 2.: Tendenzieller Nachfragerückgang → Nachfragekurve verschiebt sich nach links.

zu 4.: Keine Verschiebung der Nachfragekurve.

zu 6.: Tendenzieller Nachfragerückgang → Nachfragekurve verschiebt sich nach links.

Aufgabe 112

Richtig sind die Aussagen **3.** und **6.**

zu 1.: Diese Aussage trifft weitestgehend auf staatlich gesteuerte Preisbildung zu

zu 2.: Merkmal eines vollkommenen Marktes

zu 4.: Merkmal eines vollkommenen Marktes

zu 5.: Merkmal eines vollkommenen Marktes

Aufgabe 113

a) **2.** b) **1.** c) **3.** d) **2.**

Aufgabe 114

Richtig sind die Aussagen **2.** und **6.**

zu 1.: Elastisches Verhalten führt zu einer steigenden Nachfrage bei verzinslichen Papieren

zu 3.: Kein marktkonformes Verhalten

zu 4.: Elastisches Nachfrageverhalten

zu 5.: Elastisches Nachfrageverhalten

Aufgabe 115

Richtig ist die Aussage **5.**

In allen anderen Fällen wird der Gleichgewichtspreis tendenziell sinken.

Aufgabe 116

Richtig ist die Aussage **1.**

zu 2.: Tendenziell keine Preisveränderungen

zu 3.: Der Preis wird tendenziell sinken

zu 4.: Der Preis wird tendenziell sinken

zu 5.: Der Preis wird tendenziell sinken

Aufgabe 117

Richtig ist die Aussage **4.**

Aufgabe 118

Ergebnis: **500,00 EUR**

Produzentenrente 1,00 EUR (50,00 EUR Marktpreis – 49,00 EUR Mindestpreis) · 500 Stück

Aufgabe 119

Ergebnis: **120,00 EUR**

Kaufmenge in Tonnen	Verkaufsmenge in Tonnen	Preis	Möglicher Umsatz
345	60	105,00 EUR/Liter	60 Liter
195	**195**	**120,00 EUR/Liter**	**195 Liter**
135	285	132,00 EUR/Liter	135 Liter
45	415	140,00 EUR/Liter	45 Liter

Es gilt das Meistausführungsprinzip: Der Preismakler berücksichtigt alle vorliegenden Kaufs- und Verkaufsaufträge und legt den Preis fest, zu dem die meisten dieser Aufträge ausgeführt werden können. Ziel ist es, möglichst viele der offenen Aufträge zur Ausführung zu bringen.

Aufgabe 120

Richtig ist die Aussage **4.**

Die Nachfrage übersteigt das Angebot. Es werden 450 kg zu 4,00 EUR je kg verkauft, der Marktumsatz beträgt folglich 1.800,00 EUR.

Aufgabe 121

Richtig ist die Aussage **4.**

Der Preis wird durch den Käufer bestimmt, sodass die Anbieter ihre Preisvorstellungen nicht durchsetzen können.

Aufgabe 122

a) Gleichgewichtsmenge **20 ME →** abgesetzte Menge zum Gleichgewichtspreis

b) Mindestpreis **200 GE**

c) Nachfragemenge zum Mindestpreis **10 ME**

Aufgabe 123

a) **1.** b) **2.** c) **2.** d) **3.**

Aufgabe 124

Ergebnis: **16%**

Preissenkung um 20 %

Steigerung der Absatzmenge um 0,8 · (20 %)

Aufgabe 125

Ergebnis: **16.000 neue Konten**

100.000 Konten · erwartete Mengensteigerung von 16 % = 16.000 neue Konten.

Aufgabe 126

Richtig ist die Aussage **2.**

Die Preiselastizität ist kleiner 1.

Aufgabe 127

Richtig ist die Aussage **1.**

zu 2.: Der Mindestpreis soll die Anbieter schützen und ihnen eine angemessene Entlohnung garantieren.

zu 3.: Nein, der Mindestpreis wird eingeführt, weil ein Überangebot zu sinkenden Preisen geführt hat. Das Überangebot wird sich vermutlich noch erhöhen.

zu 4.: Nein, es besteht bereits ein Überangebot.

zu 5.: Nein, das Gegenteil ist der Fall.

Aufgabe 128

40,00 EUR Gleichgewichtspreis.

Mindestpreis liegt 20 % **über** dem Gleichgewichtspreis.

40,00 EUR · 20 % = 8,00 EUR

Mindestpreis pro Kilo Biofleisch = **48,00 EUR**.

Aufgabe 129

Richtig ist die Aussage **3.**

zu 1.: Tendenzieller Rückgang der Absatzmenge.

zu 2.: Nachfrager, nicht Anbieter werden vom Markt gedrängt.

zu 4.: Tendenziell wird die angebotene Menge steigen.

zu 5.: Eine elastische Nachfrage führt zu Nachfragerückgängen und damit tendenziell zu sinkenden Einnahmen aus der Umsatzsteuer.

Aufgabe 130

Richtig sind die Aussagen **1.** und **2.**

zu 3.: Soziales Sicherungssystem wird nicht mehr funktionieren.

zu 4.: Verstoß gegen den sozialen Ausgleich – Besserverdienende würden vergleichsweise eine bessere Gesundheitsversorgung erhalten.

zu 5.: Maßnahme der Planwirtschaft.

zu 6.: Prinzip des sozialen Ausgleichs wird aufgegeben.

10 Konzentration und Wettbewerbspolitik

Aufgabe 131

Richtig ist die Aussage **3.**

zu 1.: Fusion

zu 2.: Preis- und Produktkartell

zu 4.: Kooperation

zu 5.: Die rechtliche Selbstständigkeit bleibt erhalten.

Aufgabe 132

Richtig ist die Aussage **4.**

Aufgabe 133

Richtig ist die Aussage **3.**

Eine Beschränkung des Wettbewerbs ist kartellrechtlich nicht erwünscht und gesamtwirtschaftlich nicht vorteilhaft.

Aufgabe 134

a) **1.** b) **3.** c) **5.** d) **2.**

Aufgabe 135

Richtig ist die Aussage **5.** Nur hier wird die Bildung eines Konzerns beschrieben.

zu 1.: Kartell

zu 2.: Keine konkrete Konzentration

zu 3.: Tochterunternehmen

zu 4.: Beide Unternehmen verlieren ihre bisherige rechtliche und wirtschaftliche Unabhängigkeit

Aufgabe 136

Richtig ist die Aussage **5.**

Wettbewerbswidriges Verhalten – kartellrechtlich relevante Absprache, mit dem Ziel den Wettbewerb zu behindern (Gebietskartell).

zu 1.: Keine wettbewerbsbeschränkende Maßnahme.

zu 2.: Normungskartell wird tendenziell zu günstigeren Preisen führen.

zu 3.: Gemeinsame Forschung und Entwicklung führt tendenziell zu sinkenden Preisen.

zu 4.: Kostensenkende Maßnahmen, die tendenziell zu sinkenden Preisen führen.

Aufgabe 137

Richtig ist die Aussage **4.** (Gebietskartell)

zu 1.: Es handelt sich um eine Verbesserung der technischen Qualität im Sinne des Verbrauchers.

zu 2.: Preisnachlässe verbessern die Zahlungsbedingungen für die Verbraucher.

zu 3.: Es handelt sich um gleichgerichtetes Marktverhalten ohne Absprache.

zu 5.: Der Vorgang ist Gegenstand der Fusionskontrolle, wenn Unternehmen A marktbeherrschend werden könnte.

Aufgabe 138

Richtig ist die Aussage **5.**

zu 1.: Gesamtwirtschaftliches Interesse maßgeblich.

zu 2.: Mindestens ein an dem geplanten Zusammenschluss beteiligtes **Unternehmen** muss innerhalb eines Monats nach Zustellung der schriftlichen Untersagungsverfügung des Bundeskartellamtes einen Antrag auf Ministererlaubnis stellen.

zu 3.: Das Kartellverfahren ist immer der Ministererlaubnis vorgeschaltet.

zu 4.: Die Ministererlaubnis darf an Bedingungen und Auflagen gebunden sein.

Aufgabe 139

Richtig ist die Aussage **4.**

Es handelt sich um eine horizontale Fusion, die meistens zum Zwecke der Kostensenkung bei der Produktion und der Materialbeschaffung durchgeführt wird.

zu 1. und 2.: Vertikale Fusion, z. B. Zulieferer und Produzent

zu 3.: Zusammenschluss von Unternehmen unterschiedlicher Branchen

zu 5.: Eine Fusion geht aufgrund der Rationalisierungseffekte üblicherweise mit Arbeitsplatzverlusten einher.

Aufgabe 140

Richtig sind die Aussagen **2.** und **6.**

zu 1.: Maßgeblich für das GWB ist die Aussetzung/starke Einschränkung des Wettbewerbes.

zu 3.: Meistens horizontale Verbindungen von Unternehmen gleicher Branche.

zu 4.: Diese Kartelle sind gesetzlich verboten.

zu 5.: Mittelstandskartelle sind grundsätzlich erlaubt (siehe **6.**)

11 Wirtschaftspolitik

Aufgabe 141

Richtig ist die Aussage **4.**

zu 1.: Inflationsrate und der HVPI

zu 2.: Inflationsrate und der HVPI

zu 3.: Arbeitslosenquote

zu 5.: Steigerung des BIP

Aufgabe 142

Richtig ist die Aussage **5.**

Importierte Inflation entsteht, wenn z. B. der Rohölpreis steigt und somit die Benzinpreise im Inland steigen.

zu 1.: Zunehmende inländische Nachfrage führt zu steigenden Preisen und ist der nachfrageinduzierten Inflation zuzuordnen.

zu 2.: Keine direkte Auswirkung auf die Inflationsrate.

zu 3.: Nur dann zutreffend, wenn auch Wirkungen auf das Preisniveau nachweisbar sind.

zu 4.: Eine Aufwertung des Euros verbilligt ausländische Waren.

Aufgabe 143

Richtig ist die Aussage **3.**

zu 1.: Es gilt ein einheitlicher Verbraucherpreisindex. Die Preise werden weiterhin von Angebot und Nachfrage bestimmt.

zu 2.: Sinkende Lohnkosten im Inland werden nicht zu einer Verlagerung der Produktion ins Ausland führen.

zu 4.: Die Globalisierung hat eher das Gegenteil zur Folge.

zu 5.: Eine Verlagerung der Produktion in Entwicklungsländer verbessert die Infrastruktur tendenziell.

Aufgabe 144

Richtig sind die Aussagen **3.** und **4.**

zu 1.: Tendenzielle Dämpfung der Konjunktur durch Umsatzsteuererhöhung.

zu 2.: Fiskalpolitische Maßnahme, die tendenziell zu Preiserhöhungen für den Konsumenten führt.

zu 5.: Die Umsatzsteuer ist für Unternehmen aufkommensneutral.

zu 6.: Diese Maßnahme ist mit der sozialen Marktwirtschaft nicht vereinbar.

Aufgabe 145

Richtig ist die Aussage **4.**

Durch erhöhte Abschreibungen steigt der Cashflow der Unternehmen und verbessert das Investitionsvolumen.

zu 1.: Die Abschreibungen werden über die Kosten in die Verkaufspreise miteinkalkuliert, wirken daher tendenziell preistreibend. Die verdienten Abschreibungsgegenwerte erhöhen die Selbstfinanzierungskraft.

zu 2.: Höhere Abschreibungen führen zu geringeren Gewinnen und damit zu einer Verminderung der Steuereinnahmen.

zu 3.: Die degressive Abschreibung ist bei Wirtschaftsgütern mit einer betriebsgewöhnlichen Nutzungsdauer von 4 Jahren und mehr günstiger als die lineare Abschreibung.

zu 5.: Die Abschreibungen werden über die Kosten in die Verkaufspreise miteinkalkuliert, wirken daher tendenziell preistreibend. Die verdienten Abschreibungsgegenwerte erhöhen die Selbstfinanzierungskraft.

Aufgabe 146

Richtig ist die Aussage **4.**

zu 1.: Konjunkturdämpfend, da weniger staatliche Investitionen möglich.

zu 2.: Nachfrage nach Bausparverträgen und damit indirekt auch nach Baufinanzierungen/Häuserkäufen sinkt.

zu 3.: Der Wirtschaft werden verdiente Mittel entzogen → Dämpfung der Investitionsmöglichkeiten.

zu 5.: Selbstfinanzierungskraft der Unternehmen wird geschwächt.

Aufgabe 147

Richtig sind die Aussagen **1.** und **2.**

Aufgabe 148

Richtig sind die Aussagen **3.** und **5.**

Aufgabe 149

Ergebnis: **303.300 Mrd. EUR**

Lohnsteuer	207.600 Mrd. EUR
+ Einkommensteuer	53.450 Mrd. EUR
+ Gewerbesteuer	42.250 Mrd. EUR
= Summe	303.300 Mrd. EUR

Aufgabe 150

Ergebnis: **250,8 Mrd. EUR**

Umsatzsteuer	187,6 Mrd. EUR
+ Einfuhrumsatzsteuer	63,2 Mrd. EUR
= Summe	250,8 Mrd. EUR

Aufgabe 151

Ergebnis: **20,5 Mrd. EUR**

Solidaritätszuschlag	11,0 Mrd. EUR
+ Kraftfahrzeugsteuer	9,5 Mrd. EUR
= Summe	20,5 Mrd. EUR

Aufgabe 152

Ergebnis: **32,9 Mrd. EUR**

Grunderwerbsteuer	18,3 Mrd. EUR
+ Grundsteuer	14,6 Mrd. EUR
= Summe	32,9 Mrd. EUR

Aufgabe 153

Richtig ist die Aussage **2.**

Gemäß volkswirtschaftlicher Definition liegt eine Rezession dann vor, wenn das BIP (Bruttoinlandsprodukt) in zwei Quartalen hintereinander negativ ausgefallen ist, die Wirtschaft also in zwei aufeinanderfolgenden Quartalen im Vergleich zu den Vorjahresquartalen nicht wächst oder ein Rückgang zu verzeichnen ist.

zu 1.: Ein hohes Zinsniveau ist ein Merkmal der Boom-Phase.

zu 3.: Dies ist ein Indikator für einen Aufschwung.

zu 4.: Die Aufschwung-Phase führt zu steigenden Unternehmensgewinnen.

zu 5.: Dies ist ein Indikator für einen Aufschwung.

Aufgabe 154

Richtig ist die Aussage **2.**

Die negativen Auswirkungen von 46,2 % überwiegen die positiven Einschätzungen von 5,6 %.

zu 1.: Die positive Einschätzung deutet auf zunehmende Vollbeschäftigung hin.

zu 3.: Das Wirtschaftswachstum scheint tendenziell abzunehmen, da die negativen Einschätzungen überwiegen.

zu 4.: Die überwiegend negativen Einschätzungen besagen das Gegenteil.

zu 5.: Negative Einschätzungen der Preisniveaustabilität deuten auf Inflationsängste hin.

Aufgabe 155

Richtig ist die Aussage **4.**

zu 1.: Aufschwung **zu 2.**: Depression **zu 3.**: Aufschwung **zu 5.**: Depression

Aufgabe 156

Richtig ist die Aussage **1.**

zu 1.: Der ifo-Geschäftsklimaindex basiert auf der Befragung von Unternehmen zur wirtschaftlichen Lage und ist ein Frühindikator für die konjunkturelle Entwicklung in Deutschland.

zu 2.: Hierbei handelt es sich um einen Präsenzindikator.

zu 3.: Hierbei handelt es sich um einen Spätindikator (nachlaufend).

zu 4.: Die Entwicklung der Löhne läuft bedingt durch Tarifverträge der Konjunkturentwicklung hinterher und ist folglich ein Spätindikator.

zu 5.: Hierbei handelt es sich um einen Spätindikator.

Aufgabe 157

Richtig ist die Aussage **3.**

Eine Steuersenkung führt zu einer Belebung der Konjunktur.

Aufgabe 158

Richtig ist die Maßnahme **4.**

Der Spitzensteuersatz findet bei den Beziehern geringer Einkommen keine Anwendung, eine Abschaffung des Kindergeldes trifft gerade Bezieher geringer Einkommen besonders.

Alle anderen Maßnahmen fördern eine gerechte Einkommens- und Vermögensverteilung.

Aufgabe 159

Richtig ist die Aussage **5.**

Zu 1. und 2.: Keine positiven Impulse

Zu 3.: Keine zusätzlichen Investitionen, nur Kostenverlagerung

Zu 4.: Mittelbare Maßnahme

Aufgabe 160

Richtig ist die Aussage **1.**

zu 1.: Hierdurch wird die Konjunktur gedämpft, da Staatsausgaben zurückgefahren werden.

zu 2.: Hierbei handelt es sich um eine Maßnahme zur Belebung der Konjunktur.

zu 3.: Dies erleichtert die Investitionen von Unternehmen und führt zur Konjunkturbelebung.

zu 4.: Dies führt zur Steigerung der Gesamtnachfrage und wirkt konjunkturbelebend.

zu 5.: Siehe 4.

Aufgabe 161

Richtig ist die Aussage **2.**

Die Entwicklung der Auftragseingänge läuft der Konjunkturentwicklung voraus und ist ein sog. Frühindikator für die Konjunkturentwicklung.

Aufgabe 162

Richtig sind die Aussagen **3.** und **7.**

Aufgabe 163

Ergebnis: **2.205,4 Mrd. EUR**

Private Konsumausgaben	1.304,2 Mrd. EUR
+ Konsumausgaben des Staates	412,9 Mrd. EUR
+ Investitionen	379,4 Mrd. EUR
+ Außenbeitrag	108,9 Mrd. EUR
= Bruttoinlandsprodukt	2.205,4 Mio. EUR

Aufgabe 164

Ergebnis: **21,05 %**

verfügbares Einkommen	−	privater Konsum	=	Ersparnis
1.900 GE	−	1.500 GE	=	400 GE

$$\textbf{Sparquote} = \frac{\text{Ersparnis} \cdot 100}{\text{verfügbares Einkommen}} = \frac{400\text{ GE} \cdot 100}{1.900\text{ GE}} = \mathbf{21{,}05\,\%}$$

Aufgabe 165

Ergebnis: **1,3 %**

$$\frac{2.244{,}00\text{ (Bruttoinlandsprodukt Jahr 02)} \cdot 100}{2.215{,}65\text{ (Bruttoinlandsprodukt Jahr 01)}} - 100 = 1{,}3\,\%$$

Aufgabe 166

Ergebnis: **112,93 Mrd. EUR**

Bruttoinlandsprodukt	2.244,00 Mrd. EUR
− inländische Verwendung	2.131,07 Mrd. EUR
= Außenbeitrag	112,93 Mrd. EUR

Aufgabe 167

Ergebnis: **0,87 %**

$$\frac{\text{BIP}_{\text{preisbereinigt Jahr 02}}\ 103{,}65 \cdot 100}{\text{BIP}_{\text{preisbereinigt Jahr 01}}\ 102{,}76} - 100 = 0{,}87\,\%$$

Aufgabe 168

Ergebnis: **67,02 %**

$$\frac{\text{Arbeitnehmerentgelt}_{\text{Jahr 02}}\ 1.128{,}87 \cdot 100}{\text{Volkseinkommen}_{\text{Jahr 02}}\ 1.684{,}50} = 67{,}0151\,\%\text{, gerundet } 67{,}02\,\%$$

Aufgabe 169

Ergebnis: **32,98 %**

$$\frac{\text{Unternehmens- und Vermögenseinkommen 02}}{\text{Volkseinkommen 02}} = \frac{555{,}63}{1.684{,}50} = 32{,}98\,\%$$

Aufgabe 170

Ergebnis: **112,93 Mrd. EUR**

Export − Import = 900,89 − 787,96 = 112,93 Mrd. EUR

Aufgabe 171

Ergebnis: **2.650 Mrd. EUR**

Private Konsumausgaben	1.500 Mrd. EUR
+ staatliche Konsumausgaben	600 Mrd. EUR
+ Bruttoinvestitionen	410 Mrd. EUR
+ Außenbeitrag (Exporte: 250 Mrd. EUR − Importe: 110 Mrd. EUR)	140 Mrd. EUR
= Bruttoinlandsprodukt	2.650 Mrd. EUR

Aufgabe 172

Richtig ist die Aussage **2.**

Arbeitslose sind Personen, die

1. vorübergehend nicht in einem Beschäftigungsverhältnis stehen,

2. eine versicherungspflichtige Beschäftigung suchen und dabei den Vermittlungsbemühungen der Agentur für Arbeit zur Verfügung stehen und

3. sich bei der Agentur für Arbeit arbeitslos gemeldet haben (§ 16 SGB III).

Aufgabe 173

Richtig ist die Aussage **3.**

zu 1.: Größte Preissteigerung

zu 2.: Preise konstant

zu 4.: Seit 2020 + 6 %

zu 5.: Kaufkraftverlust betrug 5,66 %

Aufgabe 174

Ergebnis: **104,5**

$$\frac{\text{Index}_{20..}\ 106{,}00 \cdot 100}{101{,}4\,\%^*} = 104{,}54 \approx 104{,}5$$

* Vorjahr = 100 % + 1,4 % (Preissteigerung gegenüber dem Vorjahr)

Aufgabe 175

a) **2.** b) **3.** c) **1.** d) **1.**

zu a) Die Nachfrage der Haushalte sinkt, gleichzeitig sinkt die Auslandsnachfrage. Dies führt tendenziell zu sinkenden Preisen.

zu b) Die Lohn- und Gehaltserhöhungen entsprechen dem Produktivitätszuwachs. Dies führt tendenziell zur Stabilisierung der Preise.

zu c) Es entsteht ein Ungleichgewicht zwischen Geldmenge und Wachstumsrate des BIP. Hier wird das Preisniveau steigen.

zu d) Die erhöhte Nachfrage führt bei ausgelasteten Produktionskapazitäten zu steigenden Preisen.

Aufgabe 176

Richtig ist die Aussage **2.**

zu 1.: Gewichtetes Güterbündel.

zu 3.: Preise werden exakt gemessen.

zu 4.: Festlegung Basisjahr orientiert sich nicht an den Wachstumsraten.

zu 5.: Die Steigerung der Lebenshaltungskosten eines individuellen Haushaltes kann durchaus von der allgemeinen Entwicklung abweichen.

Aufgabe 177

Richtig sind die Aussagen **3.** und **6.**

zu 1.: Nachfragerückgang ausländischer Kunden schwächt den Export.

zu 2.: Produktion und inländischer Konsum haben keine unmittelbare Wirkung auf den Import, indirekt wirken sie jedoch förderlich für den Import.

zu 4.: Kein direkter Zusammenhang zwischen gestiegenen Einkommen und dem Konsumverhalten bezüglich in- und ausländischer Waren.

zu 5.: Ausgaben für Auslandsreisen = Dienstleistungsimport wird erhöht.

Aufgabe 178

a) **3.** b) **1.** c) **5.** d) **4.** e) **6.** f) **2.**

Aufgabe 179

a) **13** b) **7** c) **10** d) **1** e) **9** f) **6**

Aufgabe 180

	Transferleistungen		
	BAföG	80.000,00 EUR	
	Kindergeld	15.000,00 EUR	95.000,00 EUR
+	**Einkommen**		
	Löhne und Gehälter	880.000,00 EUR	880.000,00 EUR
+	**Zinsen**		
	Staatsanleihen	5.000,00 EUR	5.000,00 EUR
=	Gesamteinkommen		980.000,00 EUR
–	**Abgaben auf das Einkommen**		
	Einkommensteuer	190.000,00 EUR	
	Sozialversicherungsbeiträge	183.000,00 EUR	373.000,00 EUR
=	**verfügbares Einkommen**		**607.000,00 EUR**

Aufgabe 181

	verfügbares Einkommen		**607.000,00 EUR**
–	**Konsum**		
	täglicher Bedarf	552.000,00 EUR	
	Urlaub	18.000,00 EUR	570.000,00 EUR
=	**Sparleistung**		**37.000,00 EUR**

Sparquote: $\frac{37.000 \cdot 100}{607.000} = \underline{\underline{6{,}1\,\%}}$

Aufgabe 182

Richtig sind die Aussagen **3. BAföG** und **7. Kindergeld**

Aufgabe 183

Richtig sind die Aussagen **1.** und **2.**

zu 3.: Transferleistungen sind im BIP enthalten
zu 4.: Nominales BIP basiert auf den tatsächlichen Marktpreisen
zu 5.: Reales BIP = preisbereinigtes nominales BIP
zu 6.: BIP = wirtschaftliche Leistung im Inland

Aufgabe 184

Ergebnis: **140 GE inländischer Konsum**

Faktoreinkommen	250 GE
+ Transferzahlungen vom Staat	10 GE
= **Summe Einnahmen**	**260 GE**
Ausgaben für Dienstleistungen an das Ausland	20 GE
+ Steuern an den Staat	55 GE
+ Sparen bei Kreditinstituten	45 GE
= **Summe Ausgaben**	**120 GE**
Summe Einnahmen	260 GE
− Summe Ausgaben	120 GE
= **inländischer Konsum**	**140 GE**

Aufgabe 185

Ergebnis: **45 GE Investitionen der Unternehmen (Kreditfinanzierung durch Kreditinstitute)**

Faktoreinkommen an private Haushalte	250 GE
+ Ausgaben für Warenimporte	15 GE
+ Steuern an den Staat	20 GE
= **Summe Ausgaben**	**285 GE**
Exporteinnahmen	50 GE
+ Konsumausgaben des Staates	50 GE
+ Konsumausgaben der privaten Haushalte	140 GE
= **Summe Einnahmen**	**240 GE**
Summe Ausgaben	285 GE
− Summe Einnahmen	240 GE
= **Investitionen der Unternehmen**	**45 GE**

Aufgabe 186

Ergebnis: **35 GE / 1**

Ausgaben für Warenimporte	− 15 GE
Exporteinnahmen	+ 50 GE

Aufgabe 187

Richtig ist die Aussage **5.**

Exporteinnahmen	50 GE
− Ausgaben für Warenimporte	15 GE
− Ausgaben für Dienstleistungen	20 GE
− Ausgaben für Entwicklungshilfe	15 GE
= Saldo Kapitalbilanz	0 GE

Aufgabe 188

Richtig ist die Aussage **2.**

Alle anderen Aussagen beschreiben Indikatoren für eine Wachstumsphase.

Aufgabe 189

Richtig ist die Aussage **2.**

zu 1.: Eine Sinkende Lohnquote bedingt eine steigende Gewinnquote.

zu 3.: Gesetzeswidriger Eingriff in die Tarifautonomie.

zu 4. und 5 .: Beide Entwicklungen führen tendenziell zu einer höheren Lohnquote.

Aufgabe 190

Ergebnis: **64,8 %**

Arbeitnehmerentgelt	1.183,6 Mrd. EUR	64,78 %
+ Unternehmens- und Vermögenseinkommen	643,5 Mrd. EUR	35,22 %
= Volkseinkommen	1.827,1 Mrd. EUR	100,00 %

Aufgabe 191

$$\frac{\text{BIP}_{\text{in jeweiligen Preisen}}\ \text{Jahr 02} = 2.491{,}4 \cdot 100}{\text{BIP}_{\text{in jeweiligen Preisen}}\ \text{Jahr 01} = 2.422{,}9} - 100 = \mathbf{2{,}83\,\%}$$

Aufgabe 192

Richtig sind die Aussagen **5.** und **6.**

zu 1.: Nominaler Anstieg

zu 2.: Der Wohlstandszuwachs wird am realen BIP gemessen

zu 3.: Es stieg in beiden Fällen

zu 4.: Sie waren im Jahr 02 höher als im Jahr 01

Aufgabe 193

a) **06** b) **04** c) **05** d) **02** e) **02** f) **01**

12 Beschäftigungspolitik

Aufgabe 194

a) **4** b) **2** c) **3** d) **1** e) **4**

Aufgabe 195

Richtig ist die Aussage **5.**

Aufgabe 196

a) **2** b) **1** c) **2** d) **3** e) **1** f) **2**

Aufgabe 197

Richtig sind die Aussagen **1.** und **4.**

Aufgabe 198

Richtig sind die Aussagen **4.** und **5.**

zu 1.: Unterscheidung von zwei Bereichen: Arbeitnehmerentgelte und Unternehmens- und Vermögenseinkommen als Einheit.

zu 2.: Steuerprogression führt zu höheren prozentualen Abzügen bei steigenden Einkommen.

zu 3.: Nur dann, wenn Beschäftigte mit geringeren Einkommen entlassen werden.

zu 6.: Transferzahlungen fließen mit in das verfügbare Einkommen.

Aufgabe 199

Richtig ist die Aussage **3.** Kindergeld.

zu 1.: Öffentliche Investition

zu 2.: Steuerzahlung an den Staat

zu 4.: Sachleistung des Staates

zu 5.: Öffentliche Investition

13 Geldpolitik

Aufgabe 200

Richtig sind die Aussagen **2.** und **5.**

zu 1.: Sie werden nicht zugeteilt.

zu 3.: Zinssätze am Geldmarkt als Orientierungsgröße.

zu 4.: Die ständigen Fazilitäten decken den kurzfristigen Kapitalbedarf.

zu 6.: Die Geldmarktzinsen sind die Orientierungsgröße.

Aufgabe 201

Richtig ist die Aussage **2.**

zu 1.: Kein Zusammenhang zu Sparbuchzinsen, die von den Banken festgelegt werden.

zu 3.: Verzinsung von Übernachtliquidität der Kreditinstitute.

zu 4.: Zuteilung zum marginalen Zinssatz, an dem das beabsichtigte Zuteilungsvolumen der EZB erreicht wird.

zu 5.: Die Spanne beträgt seit 18. September 2024 konstant 40 Basispunkte.

Aufgabe 202

Richtig ist die Aussage **2.**

- Senkung des Mindestreservesatzes erweitert den Kreditvergabespielraum der Kreditinstitute.
- Erhöhung der öffentlichen Aufträge wirkt konjunkturbelebend.

Aufgabe 203

Richtig ist die Aussage **1.**

zu 2.: Tendenzieller Nachfragerückgang

zu 3.: Arbeitslosigkeit steigt tendenziell.

zu 4.: Sinkende Zinsen

zu 5.: Deflation beschreibt eine anhaltende Verringerung des Preisniveaus gegenüber dem Vergleichszeitraum.

Aufgabe 204

Richtig ist die Aussage **1.**

zu 2.: Dies führt zu einem Anstieg der Inflation.

zu 3.: Dies führt zu einem Anstieg der Inflation.

zu 4.: Der Wirkungsmechanismus ist nicht korrekt, die Liquidität wird erhöht.

zu 5.: Die Liquidität wird erhöht, dies führt zu einem Anstieg der Inflation.

Aufgabe 205

Richtig ist die Aussage **2.** Der Verkauf von Wertpapieren reduziert die Geldmenge weiter.

zu 1.: Daraus ergibt sich keine Wirkung auf die Geldmenge.

zu 3.: Die Spitzenrefinanzierungsfazilitäten bilden eine Kreditoption und würden bei einer Erhöhung die Geldmenge erweitern.

zu 4.: Es handelt sich um eine Maßnahme der Geldmengenerweiterung, da weniger Geld bei der EZB hinterlegt würde.

zu 5.: Daraus ergibt sich keine Wirkung auf die Geldmenge.

Aufgabe 206

Richtig ist die Aussage **4.** Zuteilungsvolumen **sinkt** gegenüber dem vorangegangenen Tender.

Aufgabe 207

Richtig sind die Aussagen **3.** und **6.**

Aufgabe 208

Richtig sind die Aussagen **4.** und **6.**

Aufgabe 209

Ergebnis: **3,76 % p.a.**

Zinssatz in %	Kreditinstitut A	Kreditinstitut B	Kreditinstitut C	Kreditinstitut D	Zuteilung kumuliert
3,80				5	5
3,79				10	15
3,78	5	5		10	35
3,77	10	10	15	10	80
3,76	10	10	20	20	**(Summe Gebote 140)** **Maximale Zuteilung 110**

Bei einem Zinssatz von 3,76 % ist das beabsichtigte Zuteilungsvolumen erreicht.

Aufgabe 210

Ergebnis: **25 Mio. EUR**

Gebote zu 3,76 % p.a. 60 Mio. EUR
Restliches Zuteilungsvolumen 30 Mio. EUR

Repartierungssatz 50 %

Kreditinstitut C möchte zu einem Zinssatz von 3,76 % p.a. 20 Mio. EUR und erhält **10 Mio. EUR** zuzüglich der vollen Zuteilung des Gebotes zu 3,77 % p.a. **15 Mio. EUR.**

Aufgabe 211

Richtig ist die Aussage **4.**

zu 1.: Die EZB ist abhängig von den Geboten der Banken, sie kann einen Mindestbietungssatz vorgeben.

zu 2.: Menge ist durch EZB fest vorgegeben. Repartierung der Gebote.

zu 3.: Zuteilung zum marginalen Zinssatz.

zu 5.: Menge ist durch EZB fest vorgegeben.

Aufgabe 212

Richtig sind die Aussagen **3.** und **4.**

zu 1.: Siehe 3.

zu 2.: Siehe 4.

zu 5.: Siehe 4.

zu 6.: Siehe 4.

Aufgabe 213

Richtig ist die Aussage **1.**

Die 329 Institute boten insgesamt 373,286 Mrd. EUR, davon wurden 298,0 Mrd. EUR bedient, während der alte Tender ein Volumen von 315,5 Mrd. EUR hatte.

Aufgabe 214

Ergebnis: **79,83 %**

Die 329 Institute boten insgesamt 373,286 Mrd. EUR, davon wurden 298,0 Mrd. EUR bedient.

$$\frac{298{,}0 \text{ Mrd. EUR Zuteilungsvolumen}}{373{,}286 \text{ Mrd. EUR Gebote}} \cdot 100 = 79{,}83\,\%$$

Aufgabe 215

a) **2** b) **1** c) **5** d) **3**

Aufgabe 216

Richtig ist die Aussage **5.**

Aufgabe 217

Ergebnis: **2.300,00 EUR**

2.500,00 EUR · 92 % Überschussreserve abzüglich Mindest- und Kassenreserve

Aufgabe 218

Ergebnis: **12,23** (vereinfacht 12,5)

$$\frac{92\,\% \cdot 100}{(6\,\% + 2\,\%) \cdot (100\,\% - 6\,\%)}$$

Aufgabe 219

Ergebnis: **28.129,00 EUR** (vereinfacht 28.750,00 EUR)

2.300,00 EUR · 12,23 (vereinfacht 2.300,00 EUR · 12,5)

Aufgabe 220

Richtig sind die Aussagen **4.** und **6.**

zu 1. und 2.: Auktion → Zinstender

zu 3.: Durchschnittszinssatz als Merkmal des amerikanischen Verfahrens

zu 5.: Schnelltender hat das Ziel kurzfristig die Liquidität zu beeinflussen

14 Außenwert des Geldes

Aufgabe 221

Richtig ist die Aussage **2.**

Der Wert eines britischen Pfunds ist gegenüber dem Euro gesunken. Musste man noch zu Beginn des Jahres 0,87 EUR für ein britisches Pfund zahlen, so muss man heute nur noch 0,85 EUR aufwenden.

Aufgabe 222

Richtig ist die Aussage **4.**

Die Kursentwicklung zeigt eine Aufwertung des Euro im Verhältnis zum Britischen Pfund. Dies führt dazu, dass der Erwerb von Euro für Abnehmer in Großbritannien immer teurer wurde und sich die Wettbewerbssituation für deutsche Exporteure kontinuierlich verschlechtert hat.

Aufgabe 223

Richtig ist die Aussage **2.**

Der Importeur muss für die Bezahlung einer Warenlieferung in USD weniger EUR aufwenden.

Beispiel:
Warenwert 100.000,00 USD
Kurs Vorjahr: 1,0618 USD → 100.000,00 USD : 1,0618 = 94.179,69 EUR
Kurs laufendes Jahr: 1,0827 USD → 100.000,00 USD : 1,0827 = 92.361,69 EUR

Aufgabe 224

Ergebnis: **153.402,06 USD**

$$\frac{150.000{,}00 \text{ EUR}}{97{,}0} \cdot 99{,}2 = 153.402{,}06 \text{ USD}$$

Aufgabe 225

Ergebnis: **141.684,73 EUR**

$$\frac{153.402{,}06 \text{ USD}}{1{,}0827 \text{ EUR/USD}} = 141.684{,}73 \text{ EUR}$$

Aufgabe 226

Richtig ist die Aussage **2.**

Deutsche Touristen erhalten für 1,00 EUR höhere Gegenwerte in Fremdwährung.

Aufgabe 227

Richtig sind die Aussagen **1.** und **3.**

zu 2.: Der deutsche Exporteur erhält weniger EUR für seine Exportgegenwerte.

zu 4.: Siehe 2.

zu 5.: Importe aus den USA werden günstiger, wenn sie in USD fakturiert werden.

zu 6.: Sie begünstigt Reisen in die USA, da die Touristen für 1,00 EUR mehr USD bekommen.

Aufgabe 228

Richtig sind die Aussagen **4.** und **6.**

- Ankauf von US-Dollar senkt den Kurs EUR/USD.
- Senkung der Leitzinsen senkt die Nachfrage nach EUR.

Aufgabe 229

Richtig sind die Aussagen **3.** und **5.**

Der Außenwert des EUR gegenüber dem USD steigt, d.h., der Wechselkurs EUR/USD steigt ebenfalls.

zu 1.: Importe werden teurer.

zu 2.: Der EUR-Gegenwert der USD-Zinszahlungen sinkt.

zu 4.: Für deutsche Unternehmen wird es günstiger aus den USA zu importieren.

zu 6.: Amerikanische Touristen müssen mehr USD aufwenden, um EUR zu erwerben.

Aufgabe 230

Richtig sind die Aussagen **1.** und **4.**

zu 2.: Dies könnte eine Folge fester Wechselkurse sein.

zu 3.: Es gibt keine Interventionspflicht der Zentralbanken bei freien Wechselkursen.

zu 5.: Gerade feste Wechselkurse führen bei unangemessenen Paritäten zu Wechselkursspekulationen.

zu 6.: Dies trifft auf freie Wechselkurse zu. Um der Abwertung der eigenen Währung entgegenzuwirken, verkauft die Zentralbank ihre Währungsreserven der aufgewerteten Währung. Somit sinkt tendenziell deren Kurs.

15 Zahlungsbilanz

Aufgabe 231

Richtig ist die Aussage **4.**

Außenwirtschaftliche Warenverkehr (Außenhandel) → Handelsbilanz als Gegenüberstellung der Ausfuhr (Export) und Einfuhr (Import) von Waren einer Volkswirtschaft

Aktive Handelsbilanz: Wert der Exporte > Wert der Importe (→ Handelsbilanzüberschuss)

Passive Handelsbilanz: Wert der Importe > Wert der Exporte (→ Handelsbilanzdefizit)

Die Handelsbilanz ist Teil der Leistungsbilanz und der Zahlungsbilanz.

zu 1.: Dienstleistungsexport → Dienstleistungsbilanz

zu 2.: Laufende Übertragungen → Transferbilanz

zu 3.: Direktinvestitionen → Kapitalbilanz

zu 5.: Dienstleistungsexport → Dienstleistungsbilanz

Aufgabe 232

Richtig ist die Aussage **3.**

zu 1.: Eine passive Dienstleistungsbilanz führt bei einer ausgeglichenen Handelsbilanz zu einem negativen Saldo der Leistungsbilanz.

zu 2.: Anhaltende rückläufige Exportüberschüsse können langfristig zu einer aktiven Handelsbilanz führen.

zu 4.: Diese ist nicht in der Vermögensübertragungsbilanz erfasst.

zu 5.: Importe werden immer zu CIF-Werten ausgewiesen.

Aufgabe 233

Ergebnis: **– 107 GE**

Warenhandel	
Ausfuhr	130 GE
Einfuhr	– 100 GE
Dienstleistungen	
Einnahmen	30 GE
Ausgaben	– 80 GE
Laufende Übertragungen (Saldo)	– 47 GE
Erwerbs- und Vermögenseinkommen (Saldo)	– 40 GE
Saldo der Leistungsbilanz	– 107 GE

Aufgabe 234

Richtig ist die Aussage **2.**, da negativ.

Aufgabe 235

Richtig sind die Aussagen **2.** und **5.**

Aufgabe 236

Richtig sind die Aussagen **3.** und **5.**

Aufgabe 237

a) **7.** b) **4.** c) **1.** d) **2.** e) **6.** f) **2.**

Aufgabe 238

Ergebnis: **184.224 Mio. EUR**

Außenhandel (inkl. Ergänzungen ...)	+	189.210
Dienstleistungen	–	16.274
Erwerbs- und Vermögenseinkommen	+	41.966
Laufende Übertragungen	–	30.678
Saldo der Leistungsbilanz	=	184.224

Aufgabe 239

Richtig ist die Aussage **1.**

Aufgabe 240

Richtig ist die Aussage **2.**

Aufgabe 241

Richtig ist die Aussage **3.**

Kurs sinkt z. B. auf 1,00 EUR/1,05 USD, sodass auch der Außenwert des EUR gegenüber dem USD sinkt bzw. der Außenwert des USD gegenüber dem EUR steigt.

Aufgabe 242

Richtig ist die Aussage **3.**

Für einen EUR musste der US-Geschäftspartner anfangs 1,0321 USD für einen EUR zahlen, zum aktuellen Kurs steigt sein Aufwand auf 1,0852 USD für einen EUR. Für den US-Geschäftspartner wird der Warenimport teurer und er wird sich tendenziell nach günstigeren Importmöglichkeiten umsehen.

16 Musterprüfungssatz

Aufgabe 1

Richtig ist die Aussage **1.** (Kaufvertrag nach BGB)

Alle anderen Fälle betreffen öffentliche Angelegenheiten.

Aufgabe 2

Richtig ist die Aussage **5.**

Zu allen anderen Rechtsgeschäften bedarf es der Zustimmung der gesetzlichen Vertreter.

Aufgabe 3

Richtig ist die Aussage **2.**

Zu 1. und 5.: Durch den Hinweis *„Nur solange der Vorrat reicht!"* besteht keine Lieferverpflichtung bzw. Preisbindungspflicht.

Zu 3.: Erst durch Ihre Bestellung wird ein rechtlicher Antrag formuliert.

Zu 4.: Keine direkte Ansprache einer bestimmten Person, sondern an Allgemeinheit gerichtet.

Aufgabe 4

Ergebnis: **03. 12. 2026**

30 Tagen nach Fälligkeit und Zugang einer Rechnung.

Aufgabe 5

Richtig ist die Aussage **2.**

Aufgabe 6

Richtig ist die Aussage **2.**

Aufgabe 7

Richtig ist die Aussage **1.**

Aufgabe 8

Richtig ist die Aussage **5.**

Aufgabe 9

a) **6.** b) **3.** c) **5.** d) **1.** e) **4.** f) **2.**

Richtige Reihenfolge: d) – f) – b) – e) – c) – a)

Aufgabe 10

Ergebnis: **02.11.2026** (vier Wochen)

Aufgabe 11

Richtig ist die Aussage **1.**

Aufgabe 12

Richtig ist die Aussage **5.**

Aufgabe 13

a) **2.** b) **4.**

Aufgabe 14

Richtig ist die Aussage **4.**

Aufgabe 15

Richtig ist die Aussage **5.**

Aufgabe 16

Richtig ist die Aussage **4.**

Aufgabe 17

Richtig ist die Aussage **1.**

Aufgabe 18

Richtig ist die Aussage **5.**

Aufgabe 19

Richtig ist die Aussage **1.**

Aufgabe 20

Richtig ist die Aussage **1.**

Aufgabe 21

a) **2.** b) **5.** c) **3.** d) **1.** e) **4.** f) **6.**

Richtige Reihenfolge: d) – a) – c) – e) – b) – f)

Aufgabe 22

Ergebnis: **2,94 %**

$$\frac{\text{Gehaltsniveau gegenüber Vorjahr } 105{,}2\,\%}{\text{Preisniveau gegenüber Vorjahr } 102{,}2\,\%} \cdot 100 - 100 = 2{,}94\,\%$$

Aufgabe 23

Richtig ist die Aussage **5.**

Aufgabe 24

Ergebnis: **69,59 %**

Vorkalkulation:

Volkseinkommen	1.503 Mrd. EUR
– Unternehmens- und Vermögenseinkommen	457 Mrd. EUR
= Arbeitnehmereinkommen	1.046 Mrd. EUR

$$\frac{\text{Arbeitnehmereinkommen 1.046 Mrd. EUR}}{\text{Volkseinkommen 1.503 Mrd. EUR}} \cdot 100 = 69{,}59\,\%\ \text{Lohnquote}$$

Aufgabe 25

Ergebnis: **59 Mrd. EUR**

Exporte	224 Mrd. EUR
– Importe	165 Mrd. EUR
= Außenbeitrag	59 Mrd. EUR

Aufgabe 26

Richtig ist die Aussage **3.**

Aufgabe 27

a) **4.** b) **1.** c) **3.** d) **2.** e) **5.**

Aufgabe 28

Richtig ist die Aussage **4.**

Aufgabe 29

Ergebnis: **4,9 %**

$$\frac{\text{registrierte Arbeitslose 2.234}}{\text{alle zivilen Erwerbspersonen 45.536}} \cdot 100 = 4{,}9\,\%$$

Aufgabe 30

Ergebnis: **–2 %**

Arbeitslosenquote Sept. Jahr 01: $\frac{\text{registrierte Arbeitslose 2.256}}{\text{alle zivilen Erwerbspersonen 45.151}} \cdot 100 = 5{,}0\,\%$

– **Arbeitslosenquote Sept. Jahr 02**: $\frac{\text{registrierte Arbeislose 2.234}}{\text{alle zivilen Erwerbspersonen 45.536}} \cdot 100 = 4{,}9\,\%$

= **Rückgang** um 0,1 %-Punkte

$\frac{0{,}1\,\%}{5{,}0\,\%} \cdot 100 =$ **2 % Rückgang (–2 %)**

Aufgabe 31

Richtig sind die Aussagen **1.** und **4.**

Notizen

Notizen

Notizen